Khalil Gibran

Hinter den Schleiern der Nacht
leuchtet das Licht

HERDER / SPEKTRUM
Band 4495

Das Buch

Poesie und Leidenschaft, Gedankenklarheit und mystische Tiefe: Ein großer Reichtum offenbart sich in Khalil Gibrans Schriften. Der im Libanon geborene Dichter verbindet faszinierend den Orient mit dem Okkzident, das Alte mit dem Modernen, Ost mit West, schlägt Brücken von der arabischen Poesie, die die Schönheit des Lebens preist, hin zum Geist der Bergpredigt, vom Geist der westeuropäischen Aufklärung zur mystischen Erfahrung verborgener Einheit. Dieses Wissen um die verborgene Einheit der Gegensätze des Lebens zieht sich leitmotivisch durch sein gesamtes Werk. Erfahrungen abgründigen Leids und ekstatischer Freude, des stillen Glücks und der bedrängenden Not gehören für ihn zusammen. Für ihn ist die Dunkelheit der Nacht nur die Rückseite der einen Wirklichkeit, die weder Tag noch Nacht, sondern letztlich göttlicher Natur ist, wie er es in vielen Bildern auszudrücken versucht. Hinter den Schleiern der Nacht darf darum immer wieder auf die kommende Morgenröte gehofft werden.

Die Herausgeber

Dr. Ursula *Assaf-Nowak*, geboren 1939 in Duisburg, studierte Germanistik, Romanistik und Islamistik in Paris und Freiburg, promovierte über arabische Volksliteratur; Dozentin am Goetheinstitut und in der Universität Kaslik. Verheiratet mit dem libanesischen Dichter S. Yussuf Assaf.

Dr. S. Yussuf Assaf, 1938 in Yahchouch/Libanon geboren; Studium der Philosophie und Theologie in Beirut und Straßburg, wo er auch promovierte; Lehrtätigkeit an der Univ. Freiburg; seit 1976 am Goethe-Institut Beirut tätig.

Khalil Gibran

Hinter den Schleiern der Nacht leuchtet das Licht

Herausgegeben von Ursula und S. Yussuf Assaf

Herder
Freiburg · Basel · Wien

Gedruckt auf umweltfreundlichem,
chlorfrei gebleichtem Papier

Originalausgabe

Alle Rechte vorbehalten – Printed in Germany
© Verlag Herder Freiburg im Breisgau 1997
Textverarbeitung: G. Scheydecker, Freiburg im Breisgau
Druck und Einband: Freiburger Graphische Betriebe 1997
Umschlaggestaltung: Joseph Pölzelbauer
Umschlagmotiv: © VG Bild-Kunst, Bonn 1996
ISBN 3-451-04495-1

INHALT

Einleitung 9

Natur: Die Blumen des Frühlings... 15
   Die Erde 16
   O Erde 16
   Das Meer 20
   Lied des Regens 21
   Lied der Blume 22
   Der Granatapfel 24
   O Nacht 25

Liebe: Liebe ist ein Wort des Lichtes... 29
   Von der Liebe 30
   Die bezaubernde Fee 31
   Das Leben der Liebe 34
   Ein Lächeln und eine Träne 36
   Geschichte eines Freundes 39
   Zwischen den Ruinen 42
   Die Liebe 44
   Dritter Gott 45

Einsamkeit: Einsamkeit ist ein ruhiger Sturm... 47
   Die Einsamkeit und die Zurückgezogenheit 48
   Der Sturm 50
   Jenseits meiner Einsamkeit 64

Dichter: Ein Dichter ist ein entthronter König... 65
   Der Dichter 66
   Der Dichter 68
   Dichter und Emigranten 70
   Eines Dichters Tod ist sein Leben 71

Vor dem Thron der Schönheit: Wir leben nur... 75
   Von der Schönheit 76
   Vor dem Thron der Schönheit 77
   Lied der Schönheit 80
   Die Schönheit 81
   Das Spielfeld des Lebens 83

Gesetz und Freiheit: Nur ein Idiot... 85
   Korrupte Gesetze 86
   Von der Freiheit 86
   Die Schreie der Gräber 88

Das größere Ich: Die Bedeutung eines Menschen... 103
   Die Seele 104
   Sieben Stationen 105
   Das Haus des Glücks 106
   Das menschliche Herz 107
   Das größere Ich 108
   Mein Schweigen ist eine Hymne 109
   Aus der Tiefe meines Herzens 110
   Sein 111
   Die Vollkommenheit 113
   „Die vollkommene Welt" 115
   An unsere Gegner 116

Tod: Möglicherweise ist... 119
   Vom Tod 120
   Die feurigen Buchstaben 121
   Die Stadt der Vergangenheit 122

Der Sterbende und der Geier 124
In der Finsternis der Nacht 125
Mein Volk starb 127
Jenseits des Schleiers 131
In der Stadt der Toten 133
Tod 135

Religion: Einmal, alle 100 Jahre... 139
Gott 140
Der gekreuzigte Jesus 141
Vom Beten 144
Maria Magdalena: Von ihrer ersten Begegnung
mit Jesus 145
Rafka, die Braut von Kanaa 148
Die Frau des Pilatus 150
Kleophas aus Batroun: Vom Gesetz und den
Propheten 151
Ein Philosoph: Vom Staunen und von der
Schönheit 152
Wer ist Gott? 153

Literaturhinweis 157

Einleitung

Khalil Gibran, im Morgenland geboren, im Abendland gestorben, geprägt von der Spiritualität des Orients und der Philosophie des Okzidents; seine Werke sind ein Brückenschlag zwischen der Alten und der Neuen Welt - zwischen der diesseitigen und der jenseitigen Welt.

Wer war Khalil Gibran?

Im Jahre 1883 wurde er in Bcharre geboren. Dieser Ort mit seinem phönizischen Namen (Bayt Charri/Haus Astartes) liegt in der atemberaubenden Landschaft des Nordlibanon, in der Nähe des Heiligen Tales und der Zedern. Die Dorfbevölkerung gehört dem maronitischen Glauben[1] an. Seine Mutter, die Tochter des Dorfpriesters, erkennt intuitiv die Talente ihres Sohnes und fördert sie nach besten Kräften. Schon als Kind liebt Gibran die Einsamkeit und zieht sich oft in die Natur zurück. Schon früh manifestierte sich seine Neigung zum Malen: Wände und Mauern waren vor seinen Kreidezeichnungen nicht sicher.

In jener Zeit stand der Libanon unter Osmanischer Herrschaft. Um Armut und Unterdrückung zu entfliehen, emigrierte Gibrans Mutter im Jahre 1895 mit ihren Kindern nach Boston, wo sich bereits Familienangehörige befanden, in der Hoffnung, es zu Wohlstand zu bringen und in die Heimat

---

[1] mit Rom unierte orientalische Christen.

zurückzukehren. Im Viertel der syrischen Einwanderer bezieht die Familie eine bescheidene Unterkunft. Während die Mutter, der Halbbruder und die beiden Schwestern für den Lebensunterhalt arbeiten, besucht Khalil als einziger die Schule. Dort fällt er durch sein Zeichentalent auf; die Schuldirektorin empfiehlt ihn einem bekannten Kunstfotografen, dem er zunächst als Fotomodell dient und der später Ausstellungen für ihn organisiert. Auf einer dieser Ausstellungen lernt er Mary Haskell kennen, die seine Förderin und Freundin wird.

Im Jahre 1898 kehrte Gibran in den Libanon zurück, um sich dort vier Jahre lang den Studien seiner Sprache und Kultur in der Hikmat-Schule (Schule der Weisheit) zu widmen. Er befreundet sich mit seinem Schulkameraden Yussef Hwayik, dem Neffen des Patriarchen, der später der erste Bildhauer im Libanon wird. Die Internatsschüler der Weisheitsschule, in der die Elite des Landes ausgebildet wird, leben wie Seminaristen: tägliche Messen, gemeinsame Gebete und Lesungen sind obligatorisch. Auf diese Weise wird Gibran vertraut mit den Heiligen Schriften des Orients. Im Jahre 1902 kehrt er zu den Seinen zurück. Kurz vor seiner Ankunft starb seine jüngste Schwester Sultana mit 14 Jahren, was ihn zu dem Ausspruch veranlaßt haben soll: „Gott ist gestorben am Tag, als Sultana starb."

Die Nacht ist noch nicht zu Ende: Aufgrund der schlechten Lebensverhältnisse im Emigrantenviertel stirbt sein Halbbruder Butros im März 1903 an Tuberkulose, und einige Monate später folgt ihm die von Khalil über alles geliebte und verehrte Mutter in den Tod. In den Werken dieser dunklen Zeit spiegeln sich Angst und Rebellion. Vier Jahre lang zeigt sich kein Lächeln mehr in seinem Werk. Später wird er sagen: „Niemand kann den Morgen erreichen, ohne den Weg der Nacht zu durchschreiten."[2]

Seine Förderin und Freundin Mary Haskell ermöglicht ihm einen zweijährigen Studienaufenthalt in Paris, der ihm wichtige,

---

[2] Sand und Schaum.

künstlerische Impulse gibt und die erste Sprosse auf der Leiter seiner Karriere bildet. In dieser Pariser Zeit tritt sein schriftstellerisches Talent gegenüber der Malerei mehr und mehr in den Vordergrund. In Paris trifft er seinen Freund Yussef Hwayik wieder und begegnet dem libanesischen Dichter Amin Rihani. Im Jahre 1910 kehrte er nach Amerika zurück, wo er noch lange mit Sehnsucht an die Hauptstadt der Künste zurückdenkt. Im Jahre 1911 verläßt er Boston und zieht nach New York. Dort entstehen in seiner „Eremitage" seine wichtigsten Werke. Der Durchbruch gelingt ihm mit dem Werk „Der Prophet", das in Amerika ein Bestseller wird und seitdem in der ganzen Welt millionenfach verkauft wird. Ebenso wichtig ist sein Werk „Jesus Menschensohn".

Am 10. April 1931 stirbt er im St.-Vinzenz-Krankenhaus in New York. Auf seinen Wunsch hin wird sein Leichnam in den Libanon überführt, wo ihn Präsident und Patriarch, Abgeordnete und Bischöfe im Hafen von Beirut empfangen. Eine große Menschenmenge gibt ihm das Geleit zu seiner letzten Ruhestätte im Kloster Mar Sarkis bei Bcharre.

Sein Werk

Seine ersten arabischsprachigen Werke unterscheiden sich deutlich von den späteren, die er auf Englisch schrieb. Aufgrund seiner Emigration aus einem Orient jahrhundertelanger Stagnation durch die Osmanische Fremdherrschaft einerseits und die Ausbeutung der Bevölkerung durch Feudalherren und Klerus andererseits in die neue Welt, in ein protestantisches Milieu, hat Gibran freiere und demokratischere Lebensformen kennengelernt, die er seinen Landsleuten zu vermitteln sucht. Er ruft sie in seinen Werken auf, sich gegen veraltete Traditionen, verkrustete Strukturen und von Menschen gemachte Gesetze aufzulehnen. Die Helden seiner Werke „Nymphen der Täler" und „Rebellische Geister" beispielsweise sind Menschen, die sich auflehnen gegen einen Tyrannen, der sie knechtet, gegen Kleriker, die sich an ihrer Arbeit bereichern und Frauen, die sich wehren gegen eine aufgezwungene Heirat mit einem reichen und einflußreichen Ehemann, den sie nicht lieben. Gibran appelliert an die Menschen, sich aus aller äußeren und inneren Knechtschaft zu befreien. Er ermutigt sie, dem Antrieb ihres Herzens zu folgen, auch wenn sie dadurch mit Gesetzen und Konventionen in Konflikt geraten.

Zusammen mit anderen Dichtern der Emigration wie Amin Rihani und Mikhail Nuaimy führt Gibran Ideengut der Aufklärung, des Protestantismus und der Französischen Revolution in die Literatur eines seit Jahrhunderten erstarrten Orients ein. Da diese Dichter anders als die Dichter in der Heimat keiner Zensur unterworfen sind, können sie sich zu allen politisch-religiösen Fragen frei äußern. Nicht nur die Inhalte sind neu für die arabische Literatur, sondern auch die westlichen Dichtformen, welche die Dichter der Emigration zunächst in ihren Übersetzungen übernehmen, und deren sie sich später selber bedienen, womit sie eine Renaissance (Nahda) der arabischen Literatur auslösen.

Der Aufruf zur Befreiung kommt im Orient schlecht an: Gibrans Werk „Rebellische Geister" wird in Beirut verbrannt, und man erwägt seine Exkommunikation (die nicht ausgesprochen wird, da er mit dem Neffen des Patriarchen befreundet ist). Diese Reaktion in der Heimat, seine immer besser werdende Beherrschung der englischen Sprache sowie sein Aufenthalt in Paris und sein Umzug nach New York leiten eine Wende in seinem Werk ein. Die Auflehnung macht der Meditation und dem Mystizismus Platz. Auch wendet er sich nun zunehmend in englischer Sprache an westliche Leser, für die er eine andere Botschaft hat, nämlich die östliche Spiritualität.

Die Wende beginnt mit dem Buch „Der Vorläufer" und gipfelt in seinen Werken „Der Prophet", „Jesus Menschensohn" und „Die Götter der Erde". Hier versucht er, westlichen Lesern den spirituellen Reichtum des Orients zu vermitteln. Ist dieser Orient nicht die Wiege der drei großen Weltreligionen (Judentum, Christentum und Islam) mit ihren Heiligen Schriften wie den Psalmen, der Bergpredigt und der Sufiliteratur? Und hat nicht dieser kleine Libanon ein großartiges geistiges Erbe zu vermitteln, in dem sich die Göttermythen der Phönizier, die mystische Tiefe persischer Sufis, die Spiritualität aramäischer Mönche und Einsiedler und die Prachtentfaltung von Byzanz mischen? Aus diesem Reichtum östlicher Tradition schöpfend, lädt Gibran die Menschen ein, zu ihrem „größeren Ich" aufzubrechen; damit ist nicht der Übermensch von Nietzsche gemeint, mit dem sich Gibran in seiner Pariser Zeit beschäftigte, was ihn zu der Kurzgeschichte „Der Totengräber" inspirierte, sondern das vollkommene Ich, die göttliche Seele.

Seine Botschaft

Gott ist für Gibran der ewige, universelle Geist, nach dem sich alle sehnen, und in den alle zurückkehren. Die Rückkehr in die umfassende Einheit Gottes geschieht dadurch, daß sich der Mensch zu seinem „größeren Ich" entwickelt, wobei ihm die Schönheit und die Liebe helfen. „Ich will, daß meine Seele begierig nach Liebe und Schönheit sucht", sagt Gibran, denn „durch die Betrachtung des Schönen erhebt sich der Mensch zum Jenseits." Das gilt vor allem für die Schönheit in der Natur, die er als Maler sieht und mit eindrucksvollen Bildern beschreibt. Die Natur ist für ihn der Ort, wo der Mensch zu sich selber findet und zu seiner göttlichen Bestimmung; sie ist der Tempel, in dem er Gott begegnet.

Das Schöne zieht die Liebe an, die sich nach der Vereinigung mit dem geliebten Du sehnt. In Vereinigung der Liebenden wird das Eingehen in die universelle Einheit des Lebens symbolisch vorweggenommen. So spiegelt die irdische Liebe die universelle Liebe, in die sie schließlich einmündet.

Auf dem Weg zur spirituellen Vollendung, glaubt Gibran, ist es möglich, daß der Seele dieses eine Leben nicht genügt, sondern daß es mehrerer Leben bedarf, um dieses Ziel zu erreichen. Dann trennt sich die Seele von ihrer derzeitigen Gestalt und nimmt eine andere Gestalt an, bis sie zur Vollkommenheit gelangt ist. Dieser Glaube an die Seelenwanderung ist auf buddhistische und islamische Einflüsse zurückzuführen; im Libanon und in Syrien glauben die Drusen und die Alawiten an die Wiedergeburt.

So ist der Tod für Gibran kein Ende, sondern Übergang zum Neubeginn und schließlich Rückkehr zum Ewigen. Im Tod sieht er die absolute Befreiung. Er befreit die göttliche Seele, diese Perle in der Muschel, von der Materie, die sie von ihrer Göttlichkeit trennt. Der Tod, der letzte Geliebte, verwirklicht die transzendentale Sehnsucht.

In Gibrans Werken spielt der Dichter eine große Rolle, da er in besonderem Maße für Schönheit und Liebe empfänglich ist. Auch Mohammed war der Ansicht: „Die Propheten und die Dichter sehen das Licht des Herrn."

Der größte aller Dichter und gleichzeitig der größte Liebende der Menschheit ist für Gibran Jesus von Nazareth. Sein ganzes Leben lang faszinierte ihn die Gestalt Jesu, die ihm oft im Traum erschien. Es gibt kein einziges arabischsprachiges Werk von ihm, in dem nicht mindestens ein Kapitel oder ein Artikel der Person Jesu gewidmet ist. „Meine größte Hoffnung ist es, das Leben Jesu beschreiben zu können", schrieb er 1909 an Mary Haskell. Im Jahre 1928 erscheint ein Buch „Jesus Menschensohn", das man das „Evangelium d. XX. Jh." nannte.

Gibran läßt in diesem Werk 77 Zeitgenossen Jesu zu Wort kommen, die ihre Begegnung mit IHM beschreiben, wobei jeder eine andere Facette seines Wesens hervorhebt. Auf diese Weise entsteht ein eindrucksvolles Mosaikbild von Jesus; es ist ein liebenswerter Jesus, wie nur ein Dichter aus dem Orient ihn beschreiben konnte. Er ist der Mensch, in dem das Göttliche am reinsten zum Ausdruck kam, unser aller Vorbild auf dem Weg zur spirituellen Vollendung.

Jounieh, den 1.12.1996 *Ursula Assaf-Nowak*

Natur

*D*ie Blumen
des Frühlings
sind die Träume
des Winters ...

Kh. Gibran

Die Erde

Widerwillig, notgedrungen und widerstrebend geht die Erde aus der Erde hervor.

Dann geht sie stolz auf der Erde einher.

Sie errichtet Paläste, Burgen und Tempel.

Sie bringt Legenden, Lehren und Gesetze hervor. Schließlich ermüden die Erde die Taten der Erde. Und sie webt aus den Luftspiegelungen der Erde Fantasien und Träume. Dann legt sich Schwere auf die Wimpern der Erde, und sie schläft ein – ruhig, tief und ewig.

Und die Erde sagt zur Erde: Ich bin der Schoß und das Grab, und ich werde der Schoß und das Grab bleiben, bis die Sterne vergehen und die Sonne zu Asche verbrennt.

O Erde

Wie schön und prachtvoll bist du, o Erde!

Wie vollkommen und edel ist deine Hingabe an das Licht, ist deine Unterwerfung unter die Sonne!

Wie erlesen ist dein Kleid aus Schatten und wie zart dein Schleier aus Finsternis!

Wie lieblich sind die Lieder deiner Morgenröte und wie erschreckend die Rufe deiner Nächte!

Wie vollkommen und erhaben bist du, o Erde!

Ich lief durch deine Ebenen und stieg auf deine Berge, ich durchwanderte deine Täler, kletterte auf deine Felsen und betrat deine Höhlen und Grotten. Ich erfuhr deine Träume in der Ebene, deinen hohen Sinn auf den Bergen, deine Ruhe in den Tälern, deine Entschlossenheit auf den Felsen und deine Verschwiegenheit in den Grotten und Höhlen.

Du bist heiter in deiner Macht, erhaben in deinen Tiefen

und ohne Überhebung in deinen Höhen. Du bist sanft in deiner Entschlossenheit und offen in deiner Verschwiegenheit.

Ich fuhr auf deinen Meeren und überquerte deine Flüsse, ich folgte den Flußläufen und lauschte der Ewigkeit in den Gezeiten. Zwischen deinen Hügeln und Bergketten hörte ich die Lieder vergangener Epochen, und in deinen Schluchten und an deinen Abhängen hörte ich dich vertrauliche Zwiesprache mit dem Leben halten.

Du bist die Sprache der Unendlichkeit und ihre Lippen; du verkörperst die Saiten der Ewigkeit und ihre Finger, die Gedanken des Lebens und ihre Verkündigung.

Dein Frühling weckte mich und lockte mich in deine Wälder, wo deine Seufzer wie Weihrauch aufstiegen. Deine Sommer luden mich ein, in deinen Feldern zu rasten, wo du unter Mühen einen Segen von Früchten hervorbringst. Dein Herbst trieb mich in deine Weinberge, wo dein Blut als Wein fließt. Und deine Winter ließen mich auf deinem Lager ruhen, das der Schnee blütenweiß bezogen hat.

Und du bist der Duft ihres Frühlings, die Freigebigkeit ihres Sommers, der Überfluß ihres Herbstes und die Reinheit ihres Winters.

In einer klaren Nacht öffnete ich die Fenster und Tore meiner Seele und trat hinaus, reich an Wünschen und gefesselt durch die Bande meiner Eigenliebe. Ich sah dich, Erde, die Sterne beobachten, die dich anlächelten. Da wurde ich frei von meinen Fesseln und Lasten und mir wurde bewußt, daß dein Kosmos der Zufluchtsort für unsere Seele ist. Die Wünsche unserer Seele sind deine Wünsche, ihr Friede ist dein Friede und ihr Glück ist der goldene Staub, den die Sterne auf dich hinabstreuen.

Und ein anderes Mal trat ich zu dir hinaus in einer bewölkten Nacht, als ich unter meiner Nachlässigkeit und Erstarrung litt. Ich fand dich furchtbar und gewaltig. Bewaffnet mit dem Sturm bekämpftest du deine Vergangenheit durch deine Gegenwart. Du vernichtetest und vertriebst das Vertrocknete und Verwelkte in dir, damit es dem Neuen Platz mache und das Schwache und Veraltete durch Stärke ersetze.

Da erkannte ich, daß die Gesetze der Menschen deinen Gesetzen folgen: ihr Rhythmus ist dein Rhythmus, ihre Lebensregeln sind deine Lebensregeln. Derjenige, dessen Stürme die vertrockneten und abgestorbenen Zweige nicht knicken, wird an Langeweile und Überdruß sterben, und derjenige, dessen Revolte und Auflehnung die Fülle seiner welken Blätter nicht vertreibt, wird an Trägheit und Überfluß ersticken. Und wer nicht in Vergessen einhüllt, was von seiner Vergangenheit leblos und unbrauchbar geworden ist, wird die Früchte seiner Vergangenheit unter ein Leichentuch begraben.

Wie freigebig bist du, o Erde, und wie groß ist deine Geduld!
Wie stark ist dein Mitleid mit deinen Söhnen, die ihre Wahrheit gegen Wahn eintauschten und die verloren sind zwischen dem, was sie erreichten und was sie verfehlten.
Wir lärmen und du lächelst.
Wir verlassen dich und du verzeihst.
Wir fluchen und du segnest.
Wir entheiligen und du heiligst.
Wir schlafen, ohne zu träumen, und du träumst noch im Wachen. Wir verletzen deine Brust mit Schwertern und Pfeilen, und du bedeckst unsere Wunden mit Öl und Balsam. Wir säen Knochen, Hände und Schädel, und du läßt daraus Pappeln und Weiden wachsen.
Wir geben dir unsere menschlichen Überreste in Verwahr, und du füllst unsere Tennen mit Korn und unsere Kelter mit Wein.
Wir bedecken dein Antlitz mit Blut, du aber wäschst unsere Gesichter an den Wassern des Paradiesflusses.
Wir fördern deine Bodenschätze und stellen daraus Kanonen

und Bomben her, und du nimmst unsere Grundstoffe auf und verwandelst sie in Rosen und Lilien.

Wie überreich sind deine Gaben und Wohltaten, o Erde, und wie unübertrefflich ist deine Güte!

Was bist du, Erde, und wer bist du?

Bist du nicht ein winziges Körnchen aus der Staubwolke, die unter den Füßen Gottes aufwirbelte, als er vom Aufgang des Weltalls bis zum Untergang der Welt schritt, oder bist du vielmehr ein Funke, der vom Herd der Unendlichkeit aufflog?

Bist du der Kern, der ins Feld des Äthers geworfen wurde, damit er die Scholle aufreißt, kraft der Dynamik seines Innern, und die göttliche Pflanze aus dem Äther aufwachse?

Bist du nicht ein Blutstropfen in den Adern des Allmächtigen oder ein Schweißtropfen auf seiner Stirn?

Bist du eine Frucht, die allmählich unter der Sonne reift, eine Frucht am Baum der Erkenntnis, dessen Wurzeln in die Tiefe der Ewigkeit reichen und dessen Äste und Zweige sich in die Höhen der Unendlichkeit ausstrecken?

Oder bist du ein Juwel, das Gott in die Hände einer Göttin legt? Bist du ein Kind an der Brust des Himmels, oder eine alte Frau, die gesättigt ist von der Weisheit der Tage und Nächte, die sie wachend und wartend verbringt?

Was bist du, Erde, und wer bist du?

Du bist ich, Erde. Du bist mein Augenlicht und meine Wahrnehmung. Du bist meine Vernunft, meine Fantasie und meine Träume. Du bist mein Hunger und mein Durst; mein Trank, meine Nahrung und meine Freude! Du bist meine Sorglosigkeit und meine Aufmerksamkeit. Du bist die Schönheit in meinem Auge, die Sehnsucht in meinem Herzen und die Unsterblichkeit in meiner Seele.

Du bist ich, Erde. Und wenn ich nicht wäre, so wärst du auch nicht.

Das Meer

In der Stille der Nacht, wenn das Erwachen
  des Menschen
aus den Falten des Schleiers hervortritt,
ruft der Wald: Ich bin die Entschlossenheit, die im
Sonnenlicht aus dem Herzen der Erde wächst.
Doch das Meer verharrt schweigend
und sagt zu sich selbst: Die Entschlossenheit bin ich!

Und der Felsen spricht: Die Jahrhunderte haben
mich als ein Symbol errichtet,
das bis zum Jüngsten Tag währt.
Doch das Meer verharrt schweigend und sagt
zu sich selbst: Das Symbol bin ich!

Und der Wind spricht: Was für eine erstaunliche
  Verbindung
bin ich zwischen Dunst und Himmel!
Doch das Meer verharrt schweigend und sagt
zu sich selbst: Mir gehört der Wind!

Und der Fluß spricht: Was für ein erfrischender
Trunk bin ich,
der den Durst der Erde löscht!
Doch das Meer verharrt schweigend und sagt
zu sich: Mir gehört der Fluß!

Und der aufragende Gipfel sagt: Ich bleibe hier,
solange die Sterne am Himmel stehen!
Doch das Meer verharrt schweigend und sagt
zu sich: Mir gehören die Gipfel der Berge!

Und das Denken spricht: Ich bin der König,
außer mir gibt es keinen anderen König in dieser Welt!
Doch das Meer verharrt ruhig und sagt
in seinem Schlaf: Mir gehört alles!

LIED DES REGENS

Ich bin die silbernen Fäden,
welche die Götter zur Erde senden;
die Natur fängt sie auf
und schmückt sich mit ihnen.

Ich bin die kostbaren Perlen
aus der Krone der Astarte;
die Tochter des Morgens
raubte sie mir heimlich,
um die Felder zu zieren.

Ich weine,
und es lächeln die Hügel,
ich falle hinab,
und die Blumen richten sich auf.
Feld und Wolke sind Liebende,
und ich bin ihr Bote,
bald lindere ich den Durst des einen,
bald heile ich die Krankheit des anderen.

Die Stimme des Donners
und das Schwert des Blitzes
künden mein Kommen an,
aber am Ende meiner Reise
erstrahlt am Himmel der Regenbogen.

So ist das irdische Leben;
unter den Füßen der Materie
beginnt es seinen Lauf,
und in den sanften Händen des Todes
endet es.

Aus dem Herzen des Sees
steige ich auf,
schwebe auf den Flügeln der Luft,

bis ich meinen Garten entdecke,
dann falle ich herab,
küsse die Lippen der Blüten
und umarme die Zweige.

Mit meinen Fingerspitzen
klopfe ich sanft an die Fensterscheiben;
einfühlsame Geister
lauschen vergnügt
dieser geheimnisvollen Musik.

Ich vertreibe die warme Luft,
der ich mein Leben verdanke,
wie eine Frau, die den Mann beherrscht,
durch die Kraft, die sie von ihm empfing.

Ich bin ein Seufzer des Meeres,
eine Träne des Himmels,
ein Lächeln des Feldes
ebenso wie die Liebe,
die ein Seufzer aus dem Meer der Gefühle ist,
eine Träne vom Himmel der Gedanken
und ein Lächeln vom Feld der Seele.

Lied der Blume

Ich bin ein Wort,
das die Natur ausspricht;
dann nimmt sie es zurück,
verbirgt es in den Falten
ihres Herzens
und wiederholt es.
Ich bin ein Stern,
der aus blauem Himmel
auf einen grünen Teppich fällt.

Ich bin die Tochter der Elemente:
der Winter trug mich
in seinem Schoß,
der Frühling brachte mich
zur Welt,
der Sommer zog mich auf,
und der Herbst sang mich in den Schlaf.

Ich bin ein Geschenk
an die Geliebte,
eine Brautkrone,
ich bin die letzte Gabe
eines Lebenden an einen Toten.

Am Morgen künden der Sephir und ich
die Ankunft des Lichtes an,
und am Abend sagen die Vögel und ich
ihm Lebewohl.

Ich lasse mich nieder
auf den Wiesen
und schmücke sie.
Ich atme in den Wind
und parfümiere ihn
mit meinem Duft.

Ich umarme den Schlaf,
und die zahllosen Augen der Nacht
blicken mich an.
Ich erwarte den Morgen,
um auf das eine Auge
des Tages zu schauen.

Ich trinke den Tau wie Wein
und lausche dem Lied der Drossel.
Unter dem Applaus des Grases
tanze ich.

Ich blicke stets nach oben,
um nicht meinen Schatten,
sondern das Licht zu sehen.
Und dies ist eine Weisheit,
die der Mensch
noch nicht gelernt hat.

DER GRANATAPFEL

Als ich einst im Herzen eines Granatapfels wohnte, hörte ich einen Samen sagen: „Eines Tages werde ich ein Baum sein, der Wind wird in meinen Zweigen rauschen, die Sonne wird sich in meinem Laub spiegeln, und zu allen Zeiten des Jahres werde ich stark und schön sein."

Darauf sagte ein anderer Samen: „Als ich so jung war wie du, hatte ich auch solche Wünsche. Mittlerweile habe ich gelernt, die Dinge zu gewichten, und eingesehen, daß meine Hoffnung eitel war."

Auch ein dritter Samen sagte: „Ich sehe nichts in uns, das eine so große Zukunft verspricht."

Ein vierter sagte: „Aber was ist das für ein Leben, ohne Hoffnung auf eine größere Zukunft!"

Darauf ein fünfter: „Warum streiten wir uns darüber, was wir einst sein werden, wissen wir doch nicht einmal, was wir sind."

Ein sechster: „Was wir sind, das werden wir auch bleiben."

Ein siebenter sagte: „Ich habe eine ganz klare Vorstellung, wie alles kommen wird, aber ich kann sie nicht in Worte fassen."

Dann sprach ein achter Samen – und ein neunter – und ein zehnter – und dann viele – und schließlich alle, bis ich in dem Stimmengewirr nichts mehr unterscheiden konnte.

Noch am selben Tag übersiedelte ich in das Herz einer Quitte. Dort gibt es weniger Samen, und die sind recht schweigsam.

O Nacht

Nacht der Liebenden, der Dichter und der Sänger!
Nacht der Fantome, der Geister und der Visionen!
Nacht der Sehnsucht der Leidenschaft und der Erinnerung!

Du Mächtige, hochaufragend zwischen den Wolken der Abenddämmerung und den Nymphen der Morgenröte, umgürtet mit dem Schwert des Schreckens, vom Mond gekrönt und eingehüllt in das Gewand des Schweigens. Mit tausend Augen blickst du in die Tiefen des Lebens, und mit tausend Ohren lauschst du den Seufzern des Todes und des Nichts.

Du bist die Finsternis, die uns die Gestirne des Himmels heller sehen läßt, während der Tag Licht ist, das uns die Finsternis der Erde verhüllt.

Du bist die Hoffnung, die uns mit Ehrfurcht vor der Ewigkeit erfüllt, während der Tag eine Täuschung ist, die uns wie Blinde in eine Welt der Mengen und Maße versetzt.

Du bist die Ruhe, die durch ihr Schweigen die Geheimnisse der Geister enthüllt, die in den Höhen der Atmosphäre schweben, während der Tag Betriebsamkeit ist, die durch ihre Triebkräfte die Geister erregt.

Du bist gerecht, denn du vereinst unter den Schwingen des Schlummers die Träume der Schwachen mit den Wünschen der Starken; du bist auch gütig, denn du schließt mit deinen unsichtbaren Fingern die Lider der Unglücklichen und trägst ihre Herzen in eine Welt, die weniger grausam ist als diese.

In die Falten deines dunkelblauen Kleides verströmen die Liebenden ihre Seufzer; auf deine taubenetzten Füße vergießen die einsamen ihre Tränen, und in deine Handflächen, die nach dem Aroma der Täler duften, schluchzen die Fremden ihr Heimweh. Du bist die Vertraute der Liebenden, die Begleiterin der Einsamen und die Freundin der Fremden.

Unter deiner Obhut verströmen die Dichter ihre Gefühle, auf deinen Schultern erwachen die Herzen der Propheten und in deinen Haarflechten entfalten sich die Talente der Denker; du bist die Eingebung der Dichter, die Inspiration der Propheten und die Anregung der Denker.

❖

Jedes Mal, wenn meine Seele der Menschen überdrüssig ist und meine Augenlider ermüdet sind vom Anblick der Tage, wandere ich zu den entlegenen Feldern, wo die Geister vergangener Zeiten schlafen.

Dort halte ich an vor einem finsteren Geschöpf, das sich mit tausend Füßen über Berge und Täler fortbewegt.

Ich blicke der Finsternis in die Augen, lausche dem Rascheln unsichtbarer Flügel, fühle die Berührung des Gewandes der Stille und bezwinge meine Angst vor der Finsternis.

Dann sehe ich dich, o Nacht, gewaltig und schön zwischen Himmel und Erde aufgerichtet, eingehüllt in Wolken und umgürtet mit Nebel, den Tag belächelnd, die Sonne verspottend und die Sklaven verhöhnend, die vor ihren Götzen Wache halten; du zürnst den Königen, die auf Seide und Brokat ruhen, blickst den Dieben tadelnd ins Gesicht und behütest den Schlaf der Kinder. Du weinst über das Lächeln der Dirnen und lächelst über die Tränen der Verliebten. Mit deiner Rechten erhebst du die großmütigen Herzen, und mit deinen Füßen zertrittst du die Kleinmütigen.

Ich sehe dich, o Nacht, und du siehst mich. In deiner Angst um mich bist du mir wie ein Vater, und ich bin in meinen Träumen für dich ein Sohn. Der Vorhang der Förmlichkeit zwischen uns ist zerrissen, und die Schleier des Zweifels sind von unseren Gesichtern gefallen; du enthüllst mir deine Absichten und ich entdecke dir meine Wünsche und Hoffnungen. Dein Schrecken verwandelt sich in eine Melodie, die süßer ist als das Geflüster der Blumen, und meine Furcht verwandelt sich in trauliche Mitteilsamkeit, die köstlicher ist als das Gezwitscher der Vögel. Du hebst mich zu dir empor und setzt mich auf deine Schultern. Du lehrst meine Augen zu schauen, meine Ohren zu hören, meine Lippen zu sprechen, und mein Herz leitest du an, zu lieben, was die Menschen hassen, und zu hassen, was die Menschen lieben.

Mit deinen Fingerspitzen berührst du meine Gedanken, und sie strömen wie Sturzbäche, die das welke Laub fortspülen. Dann berührst du mit deinen Lippen meine Seele, und sie entflammt zu einer Fackel, die alle vertrocknete Vegetation verzehrt.

Ich habe dich begleitet, o Nacht, bis ich dir ähnlich wurde, ich leistete dir Gesellschaft, bis sich meine Neigungen den deinen anglichen, und ich habe dich geliebt, bis sich meine Seele in ein Spiegelbild deines Wesens verwandelte.

Am Abend streut die Leidenschaft leuchtende Sterne in meine dunkle Seele, welche die Sorge am Morgen auslöscht, und in meinem Herzen scheint ein Mond, der einmal von Wolken verhüllt ist und einmal den Reigen meiner Träume anstrahlt. In meinem wachen Geist herrscht eine Stille, welche die Geheimnisse der Liebenden enthüllt und das Echo der Gebete der Frommen weiterträgt. Und auf meinem Kopf liegt eine Zauberkrone, die der Todeskampf zerbricht, und die das Lied der Jugend wieder zusammenfügt.

Ich bin wie du, o Nacht. Die Menschen halten mich für anmaßend, wenn ich mich mit dir vergleiche; sie selber vergleichen sich mit dem Feuer, wenn sie sich rühmen wollen.

Ich bin wie du, o Nacht. Uns beide verdächtigt man, zu sein, was wir nicht sind.

Ich bin wie du, o Nacht, auch wenn der Sonnenuntergang mich nicht mit goldenen Wolken krönt.

Ich bin wie du, auch wenn das Morgenrot meine Schleppe nicht mit rosenfarbenen Strahlen ziert.

Ich bin wie du, auch wenn keine Galaxis mich umgürtet.

Ich bin eine stille Nacht. Meine Dunkelheit hat keinen

Anfang und meine Tiefe kein Ende. Und wenn die Seelen sich erheben und sich des Lichtes ihrer Freuden rühmen, so erhebt sich meine Seele, gefestigt im Dunkel ihres Kummers.

Ich bin wie du, o Nacht, mein Morgen erscheint erst am Ende meines Lebens.

Liebe

Liebe ist ein Wort
des Lichtes,
geschrieben von einer
Hand des Lichtes,
auf einer Seite
des Lichtes.
                Kh. Gibran

Von der Liebe

Da sagte Almitra: Sprich uns von der Liebe.

Und er hob den Kopf und sah auf die Menschen, und es kam eine Stille über sie. Und mit lauter Stimme sagte er:

Wenn die Liebe dir winkt, folge ihr,

Sind ihre Wege auch schwer und steil.

Und wenn ihre Flügel dich umhüllen, gib dich ihr hin,

Auch wenn das unterm Gefieder versteckte Schwert dich verwunden kann.

Und wenn sie zu dir spricht, glaube an sie;

Auch wenn ihre Stimme deine Träume zerschmettern kann wie der Nordwind den Garten verwüstet.

Denn so, wie die Liebe dich krönt, kreuzigt sie dich.

So wie sie dich wachsen läßt, beschneidet sie dich.

So wie sie emporsteigt zu deinen Höhen und die zartesten Zweige liebkost, die in der Sonne zittern,

Steigt sie hinab zu deinen Wurzeln und erschüttert sie in ihrer Erdgebundenheit.

Wie Korngarben sammelt sie dich um sich.

Sie drischt dich, um dich nackt zu machen.

Sie siebt dich, um dich von deiner Spreu zu befreien.

Sie mahlt dich, bis du weiß bist.

Sie knetet dich, bis du geschmeidig bist;

Und dann weiht sie dich ihrem heiligen Feuer, damit du heiliges Brot wirst für Gottes heiliges Mahl.

All dies wird die Liebe mit dir machen, damit du die Geheimnisse deines Herzens kennenlernst und in diesem Wissen ein Teil vom Herzen des Lebens wirst.

Aber wenn du in deiner Angst nur die Ruhe und die Lust der Liebe suchst,

Dann ist es besser für dich, deine Nacktheit zu bedecken und vom Dreschboden der Liebe zu gehen

In die Welt ohne Jahreszeiten, wo du lachen wirst, aber nicht dein ganzes Lachen, und weinen, aber nicht all deine Tränen.

Liebe gibt nichts als sich selbst und nimmt nichts als von sich selbst.

Liebe besitzt nicht, noch läßt sie sich besitzen;

Denn die Liebe genügt der Liebe.

Wenn du liebst, solltest du nicht sagen: „Gott ist in meinem Herzen", sondern: „Ich bin in Gottes Herzen."

Und glaube nicht, du kannst den Lauf der Liebe lenken, denn die Liebe, wenn sie dich für würdig hält, lenkt deinen Lauf.

Liebe hat keinen anderen Wunsch, als sich zu erfüllen.

Aber wenn du liebst und Wünsche haben mußt, sollst du dir dies wünschen:

Zu schmelzen und wie ein plätschernder Bach zu sein, der seine Melodie der Nacht singt.

Den Schmerz allzu vieler Zärtlichkeit zu kennen.

Vom eigenen Verstehen der Liebe verwundet zu sein;

Und willig und freudig zu bluten.

Bei der Morgenröte mit beflügeltem Herzen zu erwachen und für einen weiteren Tag des Liebens dankzusagen;

Zur Mittagszeit zu ruhen und über die Verzückung der Liebe nachzusinnen;

Am Abend mit Dankbarkeit heimzukehren;

Und dann einzuschlafen mit einem Gebet für den Geliebten im Herzen und einem Lobgesang auf den Lippen.

DIE BEZAUBERNDE FEE

Wohin führst du mich, bezaubernde Fee?

Bis wann soll ich dir auf diesem unwegsamen Pfad folgen, der sich zwischen Felsen dahinschlängelt, unsere Schritte nach oben führend und unsere Seelen in die Tiefen lenkend?

Ich hielt mich fest an deiner Schleppe und folgte dir wie ein Kind seiner Mutter. Ich versuchte, meine Träume zu vergessen, indem ich gebannt auf deine Schönheit blickte. Ich stellte mich blind gegenüber dem Reigen der Geister, die um meinen Kopf kreisten, angezogen von der Kraft deines Körpers.

Halte eine Weile inne, damit ich dein Gesicht sehe! Schau mich an, vielleicht entdecke ich in deinen Augen die Geheimnisse deiner Seele und erkenne in deinen Gesichtszügen, was dein Herz verbirgt.

Halt ein wenig an, bezaubernde Fee! Das Laufen hat mich ermüdet, und ich zittere noch am ganzen Leib angesichts der Gefahren des Weges. Halt an, denn wir haben schon den Abschnitt des Weges erreicht, wo der Tod das Leben umfängt. Ich gehe keinen Schritt weiter, bevor du mir nicht deine Absichten verrätst und mir anvertraust, was sich in deinem Herzen verbirgt.

❖

Hör zu, bezaubernde Fee! Gestern war ich noch ein freier Vogel, der am Firmament schwebte und Flüsse und Bäche auf ihrem Weg begleitete; ich setzte mich auf einen Zweig und betrachtete die Schlösser und Tempel in der Stadt der Wolken, deren Farben beim Abendrot leuchteten und beim Sonnenuntergang verlöschten. Ich war wie ein Gedanke, der sich einsam von Osten zum Westen der Erde fortbewegte, erfreut über die Schönheiten und Gaben des Lebens und auf der Suche nach den Geheimnissen des Daseins.

Ich war wie ein Traum, der unter den Flügeln der Nacht dahinglitt. Durch Fensterspalten drang ich in die Stuben schlafender Jungfrauen ein und spielte mit ihren Wünschen, dann begab ich mich ans Lager der Jünglinge und entfachte ihre Gefühle, und am Lager der Greise brachte ich ihre Gedanken ans Licht.

Heute aber, nachdem ich dich getroffen habe, bezaubernde Fee, und nachdem ich mich beim Küssen deiner Hand vergiftet habe, heute bin ich wie ein Gefangener, der seine Ketten hinter sich herzieht zu einem Ziel, das ich nicht kenne. Ich gleiche einem Betrunkenen, der immer mehr verlangt von dem Wein, der mich meines Willens beraubt hat, und ich küsse die Hand, die mich geohrfeigt hat.

❖

Halt eine Weile inne, bezaubernde Fee, denn allmählich kehrt meine Kraft zurück. Ich habe die Ketten zerrissen, die meine Füße verletzten und das Glas zerbrochen, aus dem ich das süße Gift getrunken habe. Was hast du mit mir vor, welchen Weg sollen wir einschlagen?

Ich habe meine Freiheit wiedergefunden. Akzeptierst du mich als freien Begleiter, der mit offenen Augen in die Sonne blickt und mit Fingern, die nicht zittern, das Feuer berührt?

Ich habe meine Flügel wieder entfaltet. Bist du bereit, einen Jüngling zu begleiten, der die Tage damit zubringt, sich im Gebirge wie ein Adler emporzuschwingen und die Nächte wie ein Löwe schlummernd in der Wüste zu verbringen?

Begnügst du dich mit der Liebe eines Mannes, dem Liebe Vertrauen bedeutet und nicht Beherrschung?

Genügt dir die Zuwendung des Herzens, das liebt, ohne sich zu unterwerfen, und das brennt, ohne sich zu verzehren?

Kannst du Gefallen finden an der Liebe einer Seele, die vor dem Sturm zittert, aber nicht zerbricht, und die mit dem Orkan rebelliert, aber sich nicht entwurzeln läßt? Bist du einverstanden mit einem Begleiter, der niemanden unterjocht und sich nicht unterjochen läßt?

Dann nimm diese Hand in deine schöne Hand, umarme meinen Körper mit deinen sanften Armen und küsse meinen Mund in einem langen, stummen Kuß!

Das Leben der Liebe

Der Frühling

Komm, meine Geliebte, laß uns über den Morgentau laufen! Der Schnee schmilzt schon, das Leben erwacht auf seinem Ruhelager und schwingt sich in die Täler. Komm, folgen wir dem Frühling in die weiten Felder! Steigen wir auf die Gipfel und betrachten die blühenden Täler!

Der Frühlingsmorgen hat sein prächtiges Gewand entfaltet, während die Nacht des Winters das ihre ablegte. Er warf es den Pfirsich- und Apfelbäumen über, und nun sehen sie aus wie Bräute in ihrer Hochzeitsnacht. Die Weinreben sprießen, ihre Äste und Zweige umarmen sich wie Verliebte. Die Bäche tanzen im Felsgestein und stimmen in den Freudengesang ein. Aus dem Herzen der Natur quellen Blüten und Blumen hervor wie aus dem Meer die Gischt.

Komm, laß uns die Tränen des Himmels aus den Kelchen der Narzissen trinken, lauschen wir den Liedern der Vögel und atmen die Düfte ein, die jede Brise austeilt.

Komm, setzen wir uns zu den Veilchen an diesem Felsen, und schenken wir uns den Kuß der Liebe!

Der Sommer

Komm auf die Felder, meine Geliebte, denn die Tage der Ernte nahen! Die Saat reift, und die Sonne schenkt ihr die Vollendung durch die Strahlen ihrer Liebe. Laß uns aufbrechen, ehe uns die Vögel zuvorkommen und die Früchte unserer Mühen ernten oder bevor ein Heer von Ameisen sich unseren Platz aneignet.

Komm, pflücken wir die Früchte der Erde, so wie unsere Seelen die Früchte des Glückes ernten, das aus der Saat der Treue sprießt, welche die Liebe in unser Herz säte. Füllen wir unsere Speicher mit den Erträgen der Natur, so wie das Leben die Speicher unserer Erinnerung füllt.

Komm, meine Begleiterin, legen wir uns ins Gras, und decken wir uns mit dem Himmel zu. Laß uns ein Bündel weichen Heus als Kopfkissen nehmen. So ruhen wir aus von den Mühen des Tages und lauschen dem nächtlichen Flüstern des Baches im Tale.

Der Herbst

Komm in die Weinberge, meine Geliebte! Laß uns Reben pressen und ihren Saft in Tonkrüge füllen, so wie die Seele die Weisheit von Generationen in ihren Tiefen hortet. Pressen wir die Blüten, und erhalten wir dem Auge ein Zeichen, das die Wirklichkeit durch ein Symbol ersetzt.

Kehren wir nun heim, denn die Blätter sind gelb geworden! Der Wind hat sie zerstreut, und sie legten sich wie ein Leichentuch auf die Blumen, die sich vor Kummer verzehrten, als der Sommer von ihnen Abschied nahm. Komm, die Vögel sind schon zur Küste aufgebrochen, und mit ihnen verließ die Geselligkeit Gärten und Wiesen. Einsam blieb der Jasmin zurück, der seine Tränen auf die Erde vergießt.

Laß uns heimkehren, denn auch die Bäche brachen ihre Reise ab, die Freudentränen der Quellen versiegten, und die Hügel legten ihre herrlichen Gewänder ab. Komm Geliebte, die Natur will schlafen und verabschiedet sich mit einem Wiegenlied.

Der Winter

Rück näher zu mir, Gefährtin meines Lebens, rück näher! Der eisige Hauch des Schnees soll unsere Körper nicht trennen. Setzen wir uns an den Ofen, denn das Feuer ist die köstliche Frucht des Winters. Erzähl mir, was die Jahrhunderte uns aufzeichneten, denn meine Ohren sind müde vom Seufzen des Sturmes und vom Klagen der Elemente. Schließ die Türen und Fenster, denn das grimmige Gesicht des Himmels betrübt mich ebenso wie der Anblick der Stadt, die unter den Schichten des Schnees einer trauernden Witwe gleicht. Freuen wir uns an der Öllampe, die sich langsam verzehrt. Laß sie neben dir, damit ich lesen kann, was die Nächte in dein Gesicht geschrieben haben ... Bring uns den Weinkrug! Trinken wir daraus und erinnern wir uns an die Tage der Weinernte. Rück näher, meine Geliebte, denn das Feuer erlischt, und bald bedeckt es die Asche. Drück mich fester an dich. Das Licht der Öllampe ist schon verloschen, und Dunkelheit herrscht ... Der Wein macht unsere Augenlider schwer. Sieh mich an mit deinen Augen, die der Schlaf mit Kohel schminkte. Umarme mich, bevor der Schlaf mich überfällt. Küß mich, denn alles hat der Schnee erstickt außer deinem Kuß. Wie tief ist das Meer des Schlafes, meine Geliebte, und wie weit entfernt ist der Morgen in dieser Welt!

Ein Lächeln und eine Träne

Die Sonne raffte ihre Schleppe von den blühenden Gärten, und am Horizont erschien der Mond, der ein sanftes Licht auf sie warf. Ich saß unter einem Baum und betrachtete den Wechsel der Atmosphäre. Durch die Zweige sah ich die Sterne glänzen, die wie verstreute Silbermünzen auf einem blauen Teppich aussahen. Von ferne hörte ich die Bäche im Tale rauschen. Als die Vögel auf den blühenden Zweigen zu zwitschern aufhörten, die Blumen ihre Augenlider schlossen und tiefes Schweigen herrschte, da vernahm ich leichte Schritte auf dem Rasen. Ich sah einen Jüngling und ein junges Mädchen, die sich mir näherten. Sie setzen sich unter einen blühenden Baum, und ich konnte sie beobachten, ohne von ihnen gesehen zu werden.

Nachdem der Jüngling sich umgeschaut hatte, hörte ich ihn sagen:

„Setz dich näher zu mir, meine Geliebte, und hör mir zu! Lächle mich an, denn dein Lächeln ist das Symbol unserer Zukunft. Freue dich, denn die Tage sind uns freundlich gesonnen. Meine Seele hat mir vom Zweifel berichtet, der noch in deinem Herzen wohnt. Doch der Zweifel an der Liebe ist ein Vergehen, meine Geliebte. Bald wirst du die Herrin dieser Fluren sein, die der silberne Mond erhellt. Du wirst die Herrin meines Schlosses sein, das alle Königsschlösser an Reichtum übertrifft. Du wirst auf meinen edlen Rossen ausreiten, und meine prächtigen Karossen bringen dich zu Tanzplätzen und Vergnügungsstätten.

Lächle mich an, meine Geliebte, wie mich das Gold in meinen Schatztruhen anlächelt! Blicke mich an, wie mich die Juwelen meines Vaters anblicken. Hör mir zu, meine Geliebte, denn mein Herz möchte keine Geheimnisse vor dir haben: Vor uns liegt ein Jahr der Flitterwochen, ein Jahr, das wir – mit viel Gold ausgestattet – an den Seen der Schweiz, in den Gärten Italiens, in der Umgebung der Schlösser des Nils und unter den Zweigen der Zedern des Libanon verbringen werden. Du wirst Prinzessinnen und hochgestellte Damen treffen, die dich um deinen Schmuck und deine Kleider beneiden werden. Alles das erhältst du von mir! Bist du damit zufrieden? Wie schön dein Lächeln ist. Dein Lächeln zeigt mir die Gunst meines Schicksals."

Kurz darauf sah ich sie langsam weitergehen. Unter ihren Schritten zertraten sie die Blumen des Feldes mit ihren Füßen, so wie der Reiche das Herz der Armen zertritt.

Während sie sich aus meinen Blicken entfernten, dachte ich über den Einfluß des Geldes auf die Liebe nach. Ich sagte mir, daß das Geld der Ursprung des Bösen im Menschen und daß die Liebe die Quelle der Glückseligkeit und des Lichtes ist.

Ich war noch in meinen Überlegungen vertieft, als ich zwei Gestalten bemerkte, die an mir vorübergingen und sich auf den Rasen setzten. Sie waren aus der Richtung der Felder gekommen, wo die Hütten der Bauern standen. Nach einer Weile ergriffenen Schweigens hörte ich den Jüngling unter Seufzen sagen:

„Weine nicht, meine Geliebte, denn die Liebe, die uns die Augen geöffnet hat und uns zu ihren Anhängern machte, wird uns die Gnade der Geduld und Standhaftigkeit schenken. Halte deine Tränen zurück und sei getrost, denn wir haben uns verbündet im Glauben an die Liebe. Um dieser Liebe willen ertragen wir die Demütigungen der Armut, die Bitterkeit der Entbehrungen und die Qualen der Trennung. Ich werde kämpfen, bis ich den Sieg davontrage und eine Beute erlange, die es wert ist, sie in deine Hände zu legen, so daß wir leben können, ohne Not zu leiden. Meine Geliebte, die Liebe, die Gott ist, empfängt unsere Seufzer und Tränen wie duftenden Weihrauch, und sie wird uns dafür belohnen mit einem Schicksal, das wir verdienen. Ich muß gehen, bevor der Mond untergeht. Auf Wiedersehen, meine Geliebte!"

Dann hörte ich eine zarte, von Seufzern unterbrochene Stimme, die zugleich die Leidenschaft der Liebe, die Bitterkeit der Trennung und die Stärke der Ausdauer enthält, sagen:

„Auf Wiedersehen, mein Geliebter!"

Darauf trennten sich die beiden Liebenden, während ich unter den Zweigen meines Baumes verharrte, voller Mitleid mit ihnen und Verwunderung über die Geheimnisse unseres Seins. Ich betrachtete lange die schlafende Natur und sann über sie nach. Und ich entdeckte in ihr etwas, das keine Grenzen und kein Ende hat, etwas, das man nicht mit Geld kaufen kann, etwas, das weder die Tränen des Herbstes noch die Trauer des Winters auszulöschen vermögen, etwas, das man an den Seen der Schweiz und in den Gärten Italiens nicht findet. Ich entdeckte etwas, das im Frühling geduldig ausharrt und im Sommer Frucht bringt: ich entdeckte in ihr die Liebe.

Geschichte eines Freundes

Ich kannte ihn als einen jungen Mann, verloren auf dem Pfad des Lebens, gelenkt von den Taten seiner Jugend, der beim Verfolgen seiner Wünsche sein Leben aufs Spiel setzte. Ich kannte ihn als eine zarte Blüte, die ein leichter Windstoß in die Meerestiefen der Leidenschaft getragen hatte.

Ich kannte ihn in jenem kleinen Dorf als einen boshaften und streitsüchtigen Jungen, der die Vogelnester mit seinen Fingern zerpflückte und die Vogeljungen tötete. Mit seinen Füßen zertrat er die Blumen – ihre Schönheit vernichtend. Ich kannte ihn in der Schule als einen heranwachsenden Jüngling, der weit davon entfernt war, Wissen zu erwerben, vielmehr zu Hochmut und Arroganz neigte und ein Feind der Ruhe war.

Ich kannte ihn in der Stadt als einen jungen Mann, der mit der Ehre seines Vaters Handel trieb auf dem Marktplatz der Eitelkeiten. Er vergeudete dessen Reichtümer an unehrenhaften Plätzen und verschrieb sich dem Wein.

Trotz allem liebte ich ihn. Ich liebte ihn mit einer Liebe, in die sich Bedauern und Besorgnis mischten. Ich liebte ihn, denn seine verwerflichen Handlungen waren nicht das Ergebnis eines beschränkten Geistes, sondern die Taten einer schwachen und verzweifelten Seele.

Die Seele, ihr Menschen, weicht nur widerwillig vom Weg der Weisheit ab und kehrt bereitwillig darauf zurück. Gewöhnlich bricht in der Jugendzeit ein Orkan aus, der Staub und Sand mit sich führt; er füllt damit die Augen, um sie zu schließen und zu blenden – und oft schließt er sie für eine lange Weile.

Ich liebte diesen Jüngling und blieb ihm treu, denn ich hatte erlebt, wie die Taube seines Gewissens mit dem Geier seiner Missetaten kämpfte; und wenn die Taube besiegt wurde, so war es wegen der Stärke ihres Gegners und nicht ihrer Feigheit wegen. Das Gewissen ist ein gerechter, aber schwacher Richter. Seine Schwachheit steht der Verwirklichung des Rechtmäßigen zuweilen im Wege.

Ich sagte, daß ich ihn liebte, aber die Liebe hat vielerlei Formen: manchmal erscheint sie uns als Weisheit, manchmal als Gerechtigkeit, ein anderes Mal als Hoffnung. Meine Liebe zu ihm war meine Hoffnung, daß das Licht seiner Sonne über die Finsternis seiner Handlungen die Oberhand gewinnen würde. Aber ich wußte nicht, wie und wann sich das Unreine in Reines und die Bosheit in Friedfertigkeit wandeln würden. Der Mensch weiß nicht, auf welche Weise die Seele aus der Knechtschaft der Materie befreit wird – außer nach ihrer Befreiung. Und er weiß auch nicht, wie eine Blume lächelt – außer nach der Ankunft des Morgens.

❖

Die Tage folgten den Nächten auf den Fersen, und ich erinnerte mich an diesen Jüngling mit schmerzlichem Bedauern. Sooft ich seinen Namen aussprach, tat ich es mit einem Seufzer, der aus den Tiefen meiner Seele kam.

Gestern erhielt ich einen Brief von ihm, in dem er schrieb: „Komm zu mir, mein Freund, denn ich möchte dich mit einem jungen Mann bekannt machen. Dein Herz wird sich über diese Begegnung freuen, und diese Bekanntschaft wird deinen Geist erfrischen."

Ich sagte mir: „Schade! Sucht er dieser betrüblichen Freundschaft eine andere ihrer Art hinzuzufügen? Ist er nicht allein ein ausreichendes Beispiel, die Zeilen des Irrtums aufzuzeigen? Muß er dieses Beispiel nun noch ergänzen durch Zeilen seiner Freunde, damit mir auch ja kein Buchstabe aus dem Buch der Irrtümer entgeht?" Dann sagte ich mir: „Geh hin! Die Seele kann dank ihrer Weisheit auch aus Disteln Feigen pflücken, und das Herz schöpft dank seiner Liebe Licht aus Finsternis."

Als der Abend kam, ging ich zu ihm hin. Ich traf meinen Freund allein in seinem Zimmer – vertieft in die Lektüre eines Gedichtbandes. Ich begrüßte ihn. Und während ich mich über das Buch in seinen Händen wunderte, fragte ich ihn:

„Wo ist denn dein neuer Freund?"
„Ich bin es, mein Freund, ich bin es!" erwiderte er.
Dann setzte er sich mit einer Besonnenheit, die ich an ihm nicht kannte. Er schaute mich an, und in seinen Augen war ein seltsamer Glanz, der mein Herz berührte. Diese Augen, in denen ich bisher nichts anderes als Härte und Gewaltsamkeit wahrgenommen hatte, strahlten nun ein Licht aus, welches das Herz wärmte. Dann sagte er mit einer Stimme, von der ich glaubte, daß sie von einem anderen stammte:
„Wahrlich, derjenige, den du in seiner Kindheit gekannt hast, dessen Schulkamerad du warst und den du in seiner Jugend begleitet hast, er ist gestorben. Und bei seinem Tod wurde ich geboren. Ich bin dein neuer Freund. Nimm meine Hand!"
Ich nahm seine Hand und fühlte bei der Berührung einen friedlichen Geist mit dem Blut durch die Adern fließen. Seine rohe Hand war sanft und weich geworden. Ihre Finger, die gestern noch den Krallen des Tigers glichen, streichelten sanft mein Herz.
Dann sagte ich (könnte ich mich doch genau an meine seltsamen Worte erinnern):
„Wer bist du? Was ist geschehen, daß du so geworden bist? Hat dich der Geist als Tempel erkoren und dich geheiligt, oder spielst du mir die Rolle eines Dichters vor?"
Er antwortete mir:
„O mein Freund, der Geist ist tatsächlich auf mich herabgekommen und hat mich geheiligt. Eine große Liebe hat mein Herz zu einem Altar gemacht. Es ist eine Frau! Eine Frau – gestern hielt ich sie noch für ein Spielzeug des Mannes – hat mich errettet aus der Finsternis der Hölle und mir die Tore des Paradieses geöffnet. Und ich bin eingetreten. Die wahre Frau hat mich an den Jordan ihrer Liebe geführt und mich darin getauft. Sie, deren Schwestern ich in meiner Dummheit verachtete, hat mich auf den Thron der Ehre erhoben. Sie, deren Begleiterinnen ich in meiner Unwissenheit entehrte, hat mich geläutert durch ihre Liebe. Sie, deren Artgenossinnen ich unter-

jochte, hat mich befreit durch ihre Liebe ... Sie, die den ersten Mann aus dem Garten Eden vertrieb durch die Stärke ihres Begehrens und durch seine Schwäche, hat mich ins Paradies zurückgeführt durch ihre Zärtlichkeit und meinen Gehorsam."

In diesem Augenblick sah ich ihn an und bemerkte Tränen in seinen Augen, ein Lächeln auf seinen Lippen, und der Glanz der Liebe krönte ihn. Ich näherte mich ihm und küßte ihn auf seine Stirn, wie der Priester den Altar küßt. Dann verabschiedete ich mich von ihm und wiederholte mir seine Worte:

„Sie, die den ersten Mann aus dem Garten Eden vertrieb durch die Stärke ihres Begehrens und seine Schwäche, hat mich ins Paradies zurückgeführt durch ihre Zärtlichkeit und meinen Gehorsam."

ZWISCHEN DEN RUINEN

Der Mond bedeckte die Gärten der *Stadt der Sonne*[1] mit einem silbernen Schleier, und allenthalben herrschte Ruhe. Die riesige Ruinenstätte glich einem Koloß, der sich über die gewöhnlichen Nächte mokiert.

In diesem Augenblick tauchten aus dem Nichts zwei Schatten auf – wie eine Luftspiegelung, die sich aus einem blauen See erhebt. Die beiden setzten sich auf eine Marmorsäule, welche die Zeit aus einem der großartigen Gebäude herausgelöst hatte, und sie überließen sich dem Zauber dieses Platzes.

Nach einer Weile hob eine der beiden Silhouetten ihren Kopf und sagte mit einer Stimme, die einem Echo glich, das aus entfernten Tälern kommt:

„Dies sind die Reste der Tempel, die ich für dich erbauen ließ, meine Geliebte, und dort ist der Palast, den ich zu deiner Freude errichten ließ. Alles wurde zerstört, und nichts blieb übrig als diese Spuren, die den Völkern von jener Ehre künden,

---

[1] Baalbek

für die ich mein Leben opferte, um sie zu verbreiten, und von jener Macht, wozu ich die Schwachen benutzte, um sie zu vermehren.

Schau, meine Geliebte, die Elemente der Natur haben die Stadt besiegt, die ich erbauen ließ. Die Generationen schätzten die Weisheit, die ich sah, gering, und das Königreich, das ich gründete, geriet in Vergessenheit. Nichts bleibt mir als ein paar Augenblicke der Liebe, die deine Schönheit ins Leben rief und die Schönheit, die deine Liebe mir schenkte.

In Jerusalem ließ ich einen Tempel für dich erbauen; die Priester weihten ihn, und die Zeit zerstörte ihn. Dann errichtete ich in meinem Innern einen Tempel für die Liebe; Gott weihte ihn, und keine Macht der Welt konnte ihn zerstören.

Ich verbrachte mein Leben damit, mich über die äußeren Erscheinungen der Dinge zu informieren und die Eigenschaften der Materie zu befragen. Und die Menschen sagten: Wie weise ist dieser König! Doch die Engel sprachen: Wie gering ist seine Weisheit!

Dann sah ich dich, meine Geliebte; ich habe dich besungen mit einem Lied der Liebe und der Sehnsucht. Die Engel freuten sich; aber die Menschen nahmen keine Notiz von meinem Gesang ...

Die Tage meines Besitzes waren für mich wie ein Hindernis zwischen meiner dürstenden Seele und dem Geist der Schönheit, der in der Schöpfung lebt. Als ich dich sah, erwachte die Liebe in mir und zerstörte alle Schranken. Da bereute ich das Leben, wie ich es bisher verbracht hatte, und zwar in Hoffnungslosigkeit und Mattheit, weil ich glaubte, daß alle Dinge unter der Sonne nichtig sind. Ich legte mir eine Rüstung an und schmiedete einen Schild, und die Stämme fürchteten mich. Doch als die Liebe mich erleuchtete, wurde ich selbst von meinem Volk verachtet. Und als der Tod kam, versenkte er Rüstung und Schild in die Erde und trug meine Liebe zu Gott."

Nach einer Weile der Stille sagte der zweite Schatten:

„So wie die Blume ihren Duft und ihr Leben aus der Erde erhält, so empfängt die Seele aus der schwachen, schuldverstrickten Materie Kraft und Weisheit."

In diesem Moment vereinten sich die beiden Silhouetten zu einem einzigen Schatten, der sich fortbewegte. Und der Wind verbreitete folgende Worte:

„Die Ewigkeit bewahrt nur die Liebe, weil sie von gleicher Natur ist."

DIE LIEBE

Die Liebe wird meine einzige Vertraute sein; ich werde ihr lauschen wie einer Hymne, ich werde sie schlürfen wie Wein und mich mit ihr bekleiden wie mit einem Gewand. Beim Morgenrot wird die Liebe mich aus meinem Schlaf wecken und mich hinaus in die Natur locken. Am Mittag wird sie mir einen schattigen Platz unter den Bäumen auswählen, wo ich zusammen mit den Vögeln vor der Hitze der Sonne Schutz suchen werde. Am Abend wird sie mit mir dem Sonnenuntergang beiwohnen. Wir werden dem Gesang lauschen, mit dem die Natur das Sonnenlicht verabschiedet, und sie wird mir die Geister der Stille zeigen, die im Raum schweben. In der Nacht wird sie mich in ihren Armen in den Schlaf wiegen, und ich werde von himmlischen Welten träumen, wo die Seelen der Liebenden und der Dichter wohnen.

Im Frühling werde ich Seite an Seite mit der Liebe in die Natur wandern; singend werden wir Täler und Hügel durchstreifen und die Spuren des Lebens suchen, in denen Veilchen und Anemonen wachsen, und wir werden den Regen aus den Kelchen der Narzissen und Lilien trinken. Im Sommer werden die Liebe und ich unsere Häupter auf gebündeltes Stroh betten, das Gras wird unser Lager sein und der Himmel unsere Decke, und wir werden mit Mond und Sternen wachen. Im Herbst werden die Liebe und ich die Weingärten aufsuchen. Wir werden uns in die Nähe der Weinpresse setzen und die Weinreben betrachten, die ihr goldenes Gewand ablegen, und wir werden den Vogelscharen nachschauen, die zur Küste fliegen. Im Winter werden die Liebe und ich am Kamin sitzen, und wir werden uns die Zeit vertreiben mit Geschichten aus alten Zeiten und mit Berichten anderer Völker und Nationen.

In der Jugend wird mir die Liebe eine Lehre sein, die mich anleitet, recht zu handeln. Als Erwachsener wird sie mir eine Hilfe sein. Und in meinem Alter wird sie mein Glück sein. Die Liebe wird mich bis ans Ende meines Lebens begleiten.

DRITTER GOTT

Die Liebe triumphiert;
sei es das Weiß oder Grün
der Liebe an einem See,
ihre stolze Pracht
in einer Burg
oder auf einem Balkon,
ihre Natürlichkeit
in einem Garten
oder inmitten der Wüste;
wo immer sie auftritt
ist die Liebe
unser Herr und Meister.
Sie ist nicht
ausschweifende Lust,
nicht Begierde des Fleisches,
kein Splitter des Verlangens,
im Widerstreit mit dem Ich,
auch kein Teil des Fleisches,
das gegen den Geist
zu Felde zieht.
Denn die Liebe
lehnt sich nicht auf.
Sie verläßt nur
die ausgetretenen Pfade
vergangener Geschicke
und tauscht sie aus
gegen den heiligen Hain,
um darin ihr Geheimnis
zu singen und zu tanzen
in alle Ewigkeit.
Liebe ist Jugend
in zerbrochenen Ketten,
sie ist Männlichkeit,
befreit von Lasten
und Lastern der Erde
und Fraulichkeit, gewärmt
an heiliger Flamme,
die himmlisches Licht
ausstrahlt, das tiefer ist,
als unser Himmel.
Liebe ist ein fernes Lächeln
aus den Falten des Geistes,

oder ein Sturmangriff,
der dich plötzlich weckt.
Sie ist eine neue Morgenröte
auf der Erde,
ein ferner, unerreichter Tag
in meinen Augen,
doch bereits angebrochen
in der Liebe größerem Herzen.
Brüder, meine Brüder,
die Braut kommt
aus dem Herzen der Morgenröte
und der Bräutigam
aus dem Abendrot.
Es wird eine Hochzeit geben
im Tal,
einen Tag, zu schön,
um ihn zu beschreiben.

Einsamkeit

*E*insamkeit ist ein ruhiger
Sturm,
der all unsere toten Teile
zerbricht.
Jedoch treibt er unsere
lebendige Wurzel tiefer
in das lebendige Herz
der lebendigen Erde.

           Kh. Gibran

Die Einsamkeit
und die Zurückgezogenheit

Das Leben ist eine Insel in einem Meer der Einsamkeit und Zurückgezogenheit.

Das Leben ist eine Insel, deren Felsen die Wünsche und deren Bäume die Träume sind, deren Blumen die Verlassenheit und deren Quellen der Durst ist. Sie liegt inmitten eines Meeres der Einsamkeit und Zurückgezogenheit.

Dein Leben, Bruder, ist eine Insel, die von allen anderen Inseln und Territorien abgetrennt ist. Obgleich du Schiffe und Barken an andere Ufer aussendest und obwohl Flotten und Geschwader deine Ufer erreichen, bist du dennoch eine abgetrennte Insel, allein durch dein Leid, abgesondert durch deine Freude, abgelegen durch deine Sehnsucht und unbekannt durch deine Geheimnisse und Rätsel.

Ich sah dich, Bruder, auf einem Berg Gold sitzen, glücklich über deinen Reichtum, und du übertrafst den Gesang des Dichters, daß jedes Stäubchen Gold einen Faden darstellt, der das Denken der Menschen mit deinem Denken verbindet und ihre Neigungen und Tendenzen mit den deinen verknüpft.

Ich sah dich als Eroberer Truppen von Soldaten gegen eine unzugängliche Festung führen, die du zerstörtest und einnahmst.
Doch als ich ein zweites Mal hinsah, entdeckte ich hinter der Mauer deiner Schätze ein Herz, das in seiner Einsamkeit und Zurückgezogenheit zitterte, wie ein Verdurstender zittert, der in seinem selbstgemachten Käfig aus Gold und Perlen sitzt, aber kein Wasser hat.

Ich sah dich, Bruder, auf dem Thron der Ehre sitzen, umgeben von Menschen, die deinen Namen rühmten, deine guten Taten priesen und auf dich blickten, als seien sie in der Gegenwart eines Propheten, der ihre Seelen und Geister erhob, bis sie mit ihm die Sterne und Planeten umkreisten. Du sahst sie an, und dein Gesicht spiegelte die Glückseligkeit und Überwältigung der Macht, und es hatte den Anschein, als ob du für sie wärest, was die Seele für den Körper ist.

Doch als ich ein zweites Mal hinschaute, sah ich dein einsames „Ich" neben deinem Thron stehen, und es litt an seiner Entfremdung und erstickte an seiner Einsamkeit; ich sah es die Hände nach allen Seiten ausstrecken, als ob sie um Mitleid bäten und ein Almosen von unsichtbaren Geistern erbettelten; dann sah ich es über die Köpfe der Menschen hinweg zu einem entfernten Ort blicken, einem Ort, der völlig leer ist und an dem sich nichts befindet außer seiner Einsamkeit und Zurückgezogenheit.

Ich sah dich, Bruder, verliebt in eine schöne Frau, wie du dein schmelzendes Herz auf den Scheitel ihres Haares vergossest und ihre Handflächen mit Küssen bedecktest. Sie schaute dich verliebt an, ihre Blicke voller Zärtlichkeit, und auf ihren Lippen lag die Süße der Mütterlichkeit. Da sagte ich mir: die Liebe hat die Einsamkeit dieses Mannes aufgehoben und sein Alleinsein beendet; er ist zurückgekehrt zum universellen Geist, der durch die Liebe anzieht, was sich von ihm gelöst hatte in die Leere und ins Vergessen.

Doch ich sah dich ein zweites Mal, und ich entdeckte in den Falten deines verliebten Herzens ein einsames Herz, das vergeblich versucht, auf den Kopf einer Frau zu verströmen, was in ihm verborgen ist; und ich erblickte hinter deiner liebenden Seele eine andere einsame Seele, die dem Nebel glich, der vergeblich versuchte, zu Tränen in den Händen seiner Begleiterin zu werden.

Dein Leben, Bruder, ist ein einsames Haus, weit entfernt von allen Häusern und von allen Lebenden. Und dein inneres Leben ist ein Haus, das abseits liegt von den äußeren Erscheinungen, denen die Menschen deinen Namen verleihen. Wenn dein

Haus dunkel ist, kannst du es nicht mit den Lampen deines Nachbarn erhellen; wenn es in einer Wüste steht, kannst du es nicht in einen blühenden Garten versetzen, den ein anderer angelegt hat; wenn es auf dem Gipfel eines Berges steht, kannst du es nicht in ein Tal versetzen, das die Füße der anderen geebnet haben.

Dein geistiges Leben, Bruder, ist von Einsamkeit und Zurückgezogenheit geprägt, und ohne diese Einsamkeit und jene Zurückgezogenheit wärst du nicht, was du bist, und wäre ich nicht, was ich bin. Ohne diese Einsamkeit und Zurückgezogenheit hätte ich beim Klang deiner Stimme geglaubt, daß ich spreche, und beim Anblick deines Gesichtes hätte ich geglaubt, mich in einem Spiegel zu sehen.

Der Sturm

1

Yussuf al-Fachry war 30 Jahre alt, als er die Welt verließ und alles, was sie enthält, um einsam, schweigsam und zurückgezogen in einer entlegenen Einsiedelei zu leben, die am Berghang des Heiligen Tales im Norden des Libanon liegt.

Die Dorfbewohner waren über seinen Schritt geteilter Meinung; die einen sagten: ‚Er ist der Sohn einer angesehenen und wohlhabenden Familie; sicher liebt er eine Frau, die ihn verlassen hat; und deshalb verließ er seine Umgebung auf der Suche nach Einsamkeit, um darin Trost zu finden.' Andere sagten: ‚Er ist ein Dichter und Träumer, der dem Lärm der Menschen entflieht, um seine Gedanken aufzuzeichnen und seine Gefühle in Verse zu ergießen.' Wieder andere sagten: ‚Er ist ein Mystiker, der die Welt verläßt, um nach seiner Religion des Herzens zu leben.' Und schließlich gab es einige, die behaupteten: ‚Er ist ein Narr!'

Was mich betrifft, so teilte ich weder die Meinung der einen noch die der anderen, denn ich bin mir bewußt, daß es im Innern der Seele Geheimnisse gibt, die sich weder vermuten noch erraten lassen. Insgeheim wünschte ich mir aber, diesem Mann zu begegnen, und mich mit ihm zu unterhalten. Zweimal versuchte ich vergeblich, mich ihm zu nähern, um die Wahrheit über ihn zu erfahren und um seine Motive kennenzulernen. Aber ich erhielt von ihm nur einen strengen Blick und einige Worte, die Abneigung, Distanz und Stolz zum Ausdruck brachten.

Das erste Mal sah ich ihn in der Nähe des Zedernhains spazierengehen. Ich grüßte ihn mit den freundlichsten Worten; er reagierte nur mit einem Kopfnicken und entfernte sich eilig. Das zweite Mal sah ich ihn in einer Weinlaube in der Nähe seiner Einsiedelei. Ich suchte ein Gespräch zu beginnen mit den Worten: ‚Ich hörte, daß diese Einsiedelei von einem syrischen Mönch im 14. Jh. gegründet wurde. Wissen Sie vielleicht mehr darüber?' Er entgegnete abweisend: ‚Ich weiß nicht, wer sie gründete und will es auch nicht wissen!' Dann fügte er spöttisch hinzu: ‚Warum fragen Sie nicht ihre Großmutter? Sie ist alt und kennt die Geschichte dieses Tales besser als ich.' Nach diesen Worten kehrte er mir den Rücken zu. Ich verließ ihn, indem ich meine Aufdringlichkeit bedauerte.

Zwei Jahre vergingen, in denen mir das geheimnisvolle Leben dieses Mannes bisweilen in den Sinn kam oder seine Gestalt mir im Traum erschien.

2

An einem Herbsttag, als ich wieder einmal unweit der Einsiedelei des Yussuf al-Fachry über Hügel und durch Täler streifte, wurde ich von einem heftigen Gewitter überrascht. Sturm und Regen setzten mir ordentlich zu, und ich glich einem Segelboot auf stürmischer See, das von den Wellen zerstört wird und dessen Segel vom Wind zerrissen wird. Ich flüchtete zur Einsiedelei, indem ich mir sagte: ‚Das ist eine günstige Gelegenheit, den Einsiedler zu besuchen, denn der Sturm ist mein Vorwand, und meine durchnäßten Kleider sind ein ausreichender Grund.'

Ich erreichte die Einsiedelei in einem bedauernswerten Zustand. Kaum hatte ich an die Tür geklopft, da stand der Mann vor mir, den ich seit langem zu treffen wünschte. In seiner Hand hielt er einen Vogel mit aufgeplusterten Federn und verletztem Kopf, der schwer atmete, als würde er sein Leben aushauchen. Ich grüßte ihn und sagte:

„Entschuldigen Sie, daß ich in diesem Zustand zu Ihnen komme, aber das Unwetter hat mich überrascht, und ich bin weit entfernt von zu Hause."

Er sah mich mißbilligend an und entgegnete mit verächtlichem Tonfall: „Es gibt viele Grotten in dieser Gegend, in der Ihr hättet Zuflucht suchen können!"

Während er dies sagte, streichelte er den Kopf des Vogels mit einer solchen Zärtlichkeit, wie ich sie nie in meinem Leben wahrgenommen hatte. Ich wunderte mich über den auffallenden Kontrast seines Verhaltens – der Zärtlichkeit gegenüber dem Vogel und der Strenge mir gegenüber – und war verwirrt. Als hätte er erraten, was in mir vorging, schaute er mich an und sprach: „Der Sturm nährt sich nicht von saurem Fleisch. Warum fürchtest du dich und fliehst vor ihm?"

„Mag der Sturm sich das saure Fleisch versagen", entgegnete ich ihm, „dem frischen aber ist er sicher zugetan, und in mir hätte er einen leckeren Bissen gefunden."

Seine Züge entspannten sich etwas, und er sagte:

„Wenn der Sturm Euch mit einem Bissen gleich vertilgt hätte, dann hättet Ihr Euch eine Ehre erworben, die Ihr jetzt nicht verdient habt."

„Ja", erwiderte ich, „ich bin dem Sturm entflohen und zu Euch geeilt, um dieser Ehre nicht teilhaftig zu werden, die ich nicht verdiene."

Er wandte sein Gesicht von mir ab, um den Anflug eines Lächelns zu verbergen, dann lud er mich ein, mich auf eine

Holzbank zu setzen, die neben einer offenen Feuerstelle stand, in der ein Feuer brannte, und er sagte: „Setzt Euch hierhin und trocknet Eure Kleider!"

Ich ließ mich neben das Feuer nieder und dankte ihm. Er nahm mir gegenüber auf einer Steinbank Platz, tauchte seine Fingerspitzen in eine ölige Flüssigkeit, die sich in einer irdenen Schale befand und bestrich damit sanft den Flügel des Vogels und seinen verletzten Kopf. Dann wandte er sich mir zu und erklärte:

„Der Wind hat diese Amsel gegen einen Felsen geschleudert, und als ich sie fand, schwebte sie zwischen Leben und Tod."

„Und mich trieb der Wind an Eure Tür", entgegnete ich, „und bis jetzt weiß ich nicht, ob er meine Flügel gebrochen oder meinen Kopf verletzt hat."

Er sah mich an und sprach:

„Es wäre gut, wenn die Menschen ein wenig von der Natur der Vögel hätten! Es wäre auch wünschenswert, wenn die Stürme die Flügel der Menschen stutzten und ihre Köpfe verletzten! Doch der Mensch ist ängstlich und feige. Sobald er merkt, daß sich ein Sturm erhebt, verbirgt er sich in den Spalten der Erde und in ihren Grotten."

Bemüht, das Gespräch nicht abbrechen zu lassen, antwortete ich:

„Ja, dem Vogel kommt eine Ehre zu, die der Mensch nicht besitzt. Der Mensch lebt im Schatten von Gesetzen und Traditionen, die er sich selbst geschaffen hat, während die Vögel nach dem absoluten und universellen Gesetz leben, nach dem die Erde sich um die Sonne dreht."

Sein Blick erhellte sich, als hätte er in mir einen Schüler gefunden, der schnell begreift, und er sagte:

„Sehr gut, sehr gut, wenn Ihr also wirklich glaubt, was Ihr sagt, dann verlaßt die Menschen mit ihren verdorbenen Traditionen und ihren kleinbürgerlichen Gesetzen, und lebt wie die Vögel an einem unbewohnten Ort, wo nur die Gesetze der Erde und des Himmels herrschen."

„Ich glaube an das, was ich sage!" erwiderte ich.

Er hob seine Hand und entgegnete mit einer Spur von Hartnäckigkeit in seiner Stimme:

„Der Glaube ist eine Sache und nach ihm zu handeln eine andere. Zahlreich sind diejenigen, die wie das Meer reden, doch ihr Leben gleicht einem Sumpf. Zahlreich sind diejenigen, die ihre Köpfe über die Bergesgipfel erheben, doch ihre Seelen schlummern in dunklen Höhlen."

Ohne mir eine Gelegenheit zu lassen, ihm darauf zu antworten, wandte er sich ab und bettete die Amsel auf ein altes Gewand in der Nähe des Fensters; dann legte er Holz ins Feuer und forderte mich auf:

„Zieht Eure Schuhe aus und trocknet Eure Füße; die Feuchtigkeit schadet der Gesundheit des Menschen mehr als alles andere! Habt keine falsche Scham!

Ich näherte mich dem Feuer, und der Dampf zog aus meinen feuchten Sachen. Er verweilte eine Zeitlang an der Schwelle der Einsiedelei und schaute in den entfesselten Kosmos. Nach einigem Zögern fragte ich ihn:

„Lebt Ihr schon lange in dieser Einsiedelei?"

Ohne mich anzusehen, antwortete er:

„Ich kam in diese Einsiedelei, als die Erde verwüstet und leer war, Finsternis bedeckte sie, und der Geist Gottes schwebte über den Wassern."

Schweigend dachte ich bei mir: ‚Wie merkwürdig ist dieser Mensch, und wie schwierig ist es, seine Wahrheit zu entdecken! Aber ich muß die Geheimnisse seiner Seele erfahren. Ich werde warten, bis sein Stolz und Hochmut sich in Sanftmut und Milde wandeln.'

3

Die Nacht hüllte die weiten Ebenen in ein schwarzes Gewand; der Sturm hatte sich verstärkt, und der Regen goß in Strömen. Es kam mir vor, als wäre eine neue Sintflut ausgebrochen, um alles Leben zu vernichten und die Erde vom Schmutz der Menschen zu befreien. Der Aufruhr der Elemente ließ in Yussuf al-Fachrys Geist – als eine Art Gegenreaktion – Ruhe und Gelassenheit einkehren, und seine anfängliche Abneigung gegen mich wandelte sich in Sympathie. Er erhob sich, zündete zwei Kerzen an, stellte einen Krug Wein vor mich hin sowie ein Tablett mit Brot, Käse, Oliven, Honig und getrockneten Früchten. Dann setzte er sich mir gegenüber und sagte freundlich: „Das ist alles, was ich an Provision besitze; ich bitte dich, Bruder, sie mit mir zu teilen!"

Wir aßen schweigend unser Abendessen und lauschten dem Heulen des Windes und dem Strömen des Regens. Unterdessen beobachtete ich sein Gesicht und suchte darin die Gründe für seine merkwürdige Lebensführung zu finden. Nach dem Essen holte er hinter der Feuerstelle eine kupferne Cafetière hervor, aus der er zwei Tassen duftenden Kaffee einschenkte. Dann öffnete er eine Zigarettendose und sagte: „Bediene dich, Bruder!"

Verwundert nippte ich an dem Kaffee und zündete mir eine Zigarette an. Er sah mich an, als ob er meine Gedanken erriete, lächelte und sagte, nachdem er sich auch eine Zigarette angezündet hatte:

„Du bist sicher erstaunt, daß es in dieser Einsiedelei Wein, Tabak und Kaffee gibt, und gewiß findest du es seltsam, daß es hier ein Bett und ein reichliches Mahl gibt. Ich tadele dich nicht, wenn du mir deswegen Vorwürfe machst. Wie viele andere glaubst du nämlich, daß die Tatsache, weit entfernt von den Menschen zu leben, bedeutet, daß man auf das Leben und die Freuden des Lebens verzichten müsse."

„Ja", sagte ich, „wir sind gewohnt anzunehmen, daß derjenige, der sich der Welt entzieht, um Gott allein anzubeten, auch alles hinter sich läßt, was die Welt an Freuden und Vergnügungen bietet, um ein asketisches Leben zu führen und sich von Wasser und grünen Pflanzen zu nähren."

„Ich hätte Gott inmitten seiner Schöpfung anbeten können", entgegnete er, „denn die Anbetung Gottes verlangt keine Einsamkeit und Zurückgezogenheit. Ich verließ nicht die Welt, um Gott zu suchen, denn ich hatte ihn bereits gefunden im Hause meines Vaters und an jedem anderen Ort. Ich zog mich von den Menschen zurück, weil mein Charakter nicht mit ihren Charakteren übereinstimmt, und weil meine Träume nichts gemein haben mit ihren Träumen. Ich verließ die Menschen, denn ich empfand mich wie ein Rad, das sich rechts herum dreht, während sich alle anderen Räder links herum drehen. Ich verließ die Stadt, dann sie kam mir vor, wie ein kranker Baum: meine Wurzeln befinden sich im Dunkeln der Erde, und meine Zweige reichen bis zu den Wolken, aber seine Blüten sind nichts als Begierden, Laster und Verbrechen, und seine Früchte sind Unglück, Elend und Sorge. Einige Reformer versuchten, ihn zu veredeln, aber sie hatten keinen Erfolg damit, und sie starben besiegt, verzweifelt oder im Exil."

Er näherte sich der Feuerstelle, und als hätte er Freude gefunden an der Wirkung seiner Worte auf mich, fuhr er mit etwas lauterer Stimme fort: „Nein, ich suchte nicht die Einsamkeit zugunsten des Gebetes und der Askese; das Gebet ist der Gesang des Herzens, und es erreicht Gottes Ohr, auch wenn es sich inmitten von Geschrei erhebt; und die Askese ist die Unterwerfung des Körpers unter den Willen sowie die Abtötung seiner Wünsche und Begehrlichkeiten. Und das sind Dinge, die in meiner Religion keinen Platz haben, denn Gott schuf den Körper als Tempel der Seele, und wir haben die Aufgabe, diesen Tempel zu erhalten, damit er stark und rein bliebt und würdig der Gottheit, die in ihm wohnt. Nein, mein Bruder, ich suchte nicht die Einsamkeit um der Askese und des Gebetes willen, sondern um den Menschen zu entfliehen, um ihren Gesetzen und Traditionen, ihren Lehren und Ideen, ihrem Lärm und ihrer Unruhe den Rücken zu kehren. Ich suchte die Einsamkeit, um nicht die Gesichter der Männer sehen zu müssen, die ihre Seelen verkaufen, um von dem Erlös Dinge zu erstehen, die weit unter dem Wert ihrer Seelen liegen, und zwar Macht und Ehre. Ich suchte die Einsamkeit, um nicht den Frauen zu begegnen, die ihre Hälse strecken, mit den Augen zwinkern und mit tausend Lächeln auf ihren Lippen ein einziges Ziel verfolgen. Ich suchte die Einsamkeit, um nicht Halbwissern Gesellschaft leisten zu müssen, die im Schlaf eine Form des Erkennens sehen und glauben, in die Tiefen der Erkenntnis vorgedrungen zu sein, oder jenen, die im Wachen eine Form der Wahrheit sehen und dafür halten, die absolute Wahrheit zu besitzen. Ich suchte die Einsamkeit, denn ich verachte die Schmeicheleien des Rohlings, der Freundlichkeit für Schwachheit hält, Toleranz für Feigheit und Seelengröße für Hochmut. Ich suchte die Einsamkeit, denn ich war des Umgangs mit den Reichen überdrüssig, die davon überzeugt sind, daß die Sonnen, Monde und Sterne aus ihren Schatztruhen aufgehen und in ihre Tresore untergehen; ich hatte es satt, mit Politikern Umgang zu pflegen, die mit den Wünschen der Nation ihr Spiel treiben, indem sie goldschimmernden Sand in ihre Augen streuen und ihre Ohren mit wohlklingenden Worten füllen; und es ödete mich an, Priestern zu begegnen, die den Menschen predigen, was sie sich selber nicht predigen und von ihnen verlangen, was sie von sich selber nicht verlangen. Ich suchte die Einsamkeit auf, weil ich aus der Hand eines Menschen noch nie etwas erhalten habe, was ich nicht zuvor mit meinem Herzen bezahlt hatte. Ich suchte die Einsamkeit auf, weil mich dieses gigantische Gebäude, das man Zivilisation nennt, anwidert, dieses sorgsam errichtete und prächtig geschmückte Gebäude, das auf einem Berg menschlicher Totenschädel errichtet wurde.

Ich suchte die Einsamkeit, denn in der Einsamkeit finden wir das Leben der Seele, des Geistes und des Körpers. Ich suchte die leere Wüste, denn in der Wüste entdecken wir das Licht der Sonne, den Duft der Blumen und die Melodien der Flüsse. Ich zog mich ins Gebirge zurück, denn hier erlebt man das Erwachen des Frühlings, die Sehnsucht des Sommers, die Lieder des Herbstes und die Macht des Winters. Ich kam in diese entfernte Einsiedelei, weil ich die Geheimnisse der Erde kennenlernen will und mich dem Throne Gottes nähern möchte."

Er schwieg und atmete tief, als ob man eine schwere Last von seiner Schulter genommen hätte, seine Augen leuchteten und auf seinem Gesicht konnte man Anzeichen von Stolz und Entschlossenheit lesen.

Ich betrachtete ihn eine Weile und dachte darüber nach, was er mir enthüllt hatte. Dann sagte ich:

„Du hast recht in allem, was du gesagt hast; aber indem du die Krankheiten der Gesellschaft so trefflich diagnostizierst, hast du mir bewiesen, daß du ein brillanter Arzt bist. Und meinst du nicht, daß es einem Arzt nicht erlaubt ist, den Kranken aufzugeben und zu verlassen, bevor er entweder geheilt ist oder gestorben ist. Die Welt braucht dringend Menschen wie dich, und es ist bedauerlich, daß du dich von den Menschen zurückziehst, während du ihnen nützlich sein könntest."

Er sah mich einen Moment an, dann entgegnete er mit einem Ton von Bitterkeit:

„Seit Anbeginn der Welt versuchen die Ärzte, die Kranken von ihren Krankheiten zu befreien; die einen versuchten es mit Seziermessern, die anderen mit Medikamenten; doch alle starben hoffnungslos. Möge der Kranke sich damit begnügen, auf seinem Lager zu liegen und sein Leiden zu akzeptieren; aber er greift jedem an den Hals, der ihn besucht oder pflegt, um ihn zu erwürgen. Und was mich auf die Palme bringt ist, daß dieser bösartige Kranke seinen Arzt umbringt und dann seine Augen schließt und sagt: ‚Das war wirklich ein großer Arzt!' ... Nein, mein Bruder, es gibt unter den Menschen keinen, der einem anderen Menschen nützlich sein könnte. Selbst der Bauer – so fähig er sein mag – kann seine Felder nicht im Winter nutzen."

„Der Winter der Welt geht vorüber", gab ich zu bedenken, „und danach kommt ein herrlicher Frühling, und auf den Feldern blühen die Blumen, und die Flüsse singen in den Tälern."

Er runzelte die Stirn und sagte mit einem Seufzer: „Ich weiß nicht, ob Gott das menschliche Leben, das eine Ewigkeit dauert, in Jahreszeiten einteilt, die den Jahreszeiten in der Natur in ihrer Abfolge gleichen. Wird es in Tausenden von Jahren auf dieser Erde eine menschliche Gesellschaft geben, die aus dem Geist und der Wahrheit lebt? Wird eine Zeit kommen, die den Menschen ehrt, die ihn in die Mitte des Lebens stellt, eine Zeit, in der sich der Mensch am Licht des Tages und an der Stille der Nacht erfreut? Was meinst du, wird das jemals eintreten? Wird sich das verwirklichen, wenn die Erde der Ketten und Fesseln des Menschen überdrüssig ist und genug Menschenblut getrunken hat?"

Er erhob seine Rechte, als ob er auf eine andere Welt hinweisen wollte und sagte:

„Das sind alles Träume, und diese Einsiedelei ist kein Haus für Träume! Jeder Winkel dieses Raumes ist erfüllt von dem, was ich sicher weiß, ja sogar diese Täler und Berge sind davon erfüllt. Und was ich sicher weiß ist dies: Ich bin ein menschliches Wesen, das in seinem Innersten Hunger und Durst verspürt. Und ich habe ein Recht darauf, diesen Hunger und Durst mit dem Brot und Wein des Lebens zu stillen – aus Gefäßen, die ich mit meinen eigenen Händen herstelle. Deshalb verließ ich die Tische der Menschen und ihre Feste, und ich kam an diesen einsamen Ort, wo ich bis zum Ende meines Lebens bleiben werde."

Er ging im Raum auf und ab, während ich ihn betrachtete, über seine Worte nachsann und mir die Motive vorzustellen versuchte, die es veranlaßt hatten, daß er die menschliche Gesellschaft in so düsteren Farben und krummen Linien sah. Dann unterbrach ich ihn und sagte:

„Ich respektiere deine Ideen und Ziele! Ich respektiere auch deine Einsamkeit. Aber ich weiß auch – und dieses Wissen beinhaltet ein Bedauern –, daß diese unglückliche Nation durch deine Abwendung von ihr einen fähigen Menschen verloren hat, der ihr hätte bestens dienen und nützen können."

Er entgegnete kopfschüttelnd: „Diese Nation ist wie alle anderen Nationen, denn die Menschen sind alle gleich veranlagt, und sie unterscheiden sich lediglich durch äußere Erscheinungsformen, die unwesentlich sind. Das Elend der orientalischen Nationen ist das Elend der ganzen Welt. Und was man als Evolution im Okzident bezeichnet, ist nur eine Form der Illusion. Heuchelei bleibt Heuchelei, selbst wenn sie sich die Nägel schneidet, Betrug bleibt Betrug – auch mit gefärbten Fingernägeln; und Lüge wird keine Wahrheit dadurch, daß sie sich in Seide hüllt und Schlösser bewohnt; Verrat wandelt sich nicht in Treue, weil er Schnellzüge und Flugzeuge benutzt; Ehrgeiz wird nicht zur Genügsamkeit, weil er imstande ist, Entfernungen zu vermessen und Gewichte festzustellen; Verbrechen werden keine Tugenden, weil Firmen und Institute sie in Auftrag geben. Und was die Sklaverei betrifft – die Sklaverei des Lebens – durch Vergangenheit, Erziehung, Tradition und Mode, so bleibt sie Sklaverei, selbst wenn sie ihr Gesicht anmalt und ihre Kleidung wechselt; sie bleibt Sklaverei, auch wenn sie sich den Namen Freiheit zulegt. Nein, mein Bruder, der Mensch im Okzident ist nicht fortgeschrittener als der Orientale, und der Orientale ist nicht weiser als der Mensch im Westen. Der Unterschied zwischen ihnen ist der gleiche wie zwischen Wolf und Hyäne. Ich habe diese Gesellschaften beobachtet und hinter allen unterschiedlichen äußeren Erscheinungsformen ein einziges Grundgesetz erkannt, das gerecht ist, und das Elend, Blindheit und Unwissenheit zu gleichen Teilen verteilt, ohne ein Volk einem anderen vorzuziehen oder eine Gruppe mehr zu unterdrücken als eine andere."

Seine Worte versetzen mich in Erstaunen, und ich antworte verwirrt: „Also ist deiner Meinung nach alle Zivilisation und alles, was sie mit sich bringt, umsonst?"

„Ja", bestätigte er, „alle Zivilisation und alles, was sie mit sich bringt, ist eitel. Die Erfindungen und Entdeckungen sind nichts als Spielzeuge, mit deren Hilfe der Verstand Ablenkung sucht, wenn er sich in einem Zustand der Langeweile und des Verdrusses befindet. Die Verkürzung der Entfernungen, die Einebnung der Gebirge, die Beherrschung der Meere und des Weltraums sind nichts als trügerische Früchte aus Dunst, die weder das Auge erfreuen noch das Herz erquicken oder die Seele erheben können; und was Kenntnisse und Kunst betrifft, so sind sie goldene Fesseln und Ketten, die der Mensch hinter sich herzieht, erfreut über ihren Glanz und das Klirren ihrer Ringe, es sind Käfige, deren Stangen und Gitter der Mensch vor Jahrhunderten zu schmieden begann, ohne zu wissen, daß er am Ende seiner Arbeit und seines Wirkens sich selbst im Innern dieser Käfige gefangen findet. Ja, eitel sind die Werke des Menschen, eitel sind seine Absichten und Ziele, seine Neigungen und Wünsche; eitel ist alles auf dieser Welt.

Doch unter all den Eitelkeiten des Lebens gibt es etwas, das es wert ist, daß man es begehrt, wünscht und liebt."

„Und was ist das?" fragte ich neugierig.

Er verharrte eine Weile schweigend, dann schloß er seine Augenlider, verschränkte seine Hände auf seiner Brust und sagte mit leuchtendem Gesicht und entspannten Zügen:

„Es ist ein Erwachen in den tiefsten Tiefen der Seele. Es ist eine Idee, die den Geist des Menschen überfällt und seinen Blick öffnet, so daß er das Leben anders sieht. Er sieht es umgeben von einer Aureole, wie ein Lichtturm zwischen Himmel und Erde aufgerichtet, und es ist voller Melodien. Es ist wie eine Flamme, die plötzlich im Innern auflodert, die das trockene Gras der Umgebung verbrennt und lodernd in den Raum aufsteigt; es ist ein Gefühl der Sympathie und Zuneigung, die das ganze Herz erfüllt und alles verachtet, was nicht mit ihr übereinstimmt und alle geringschätzt, die in diese Geheimnisse nicht eingeweiht sind. Es ist eine unsichtbare Hand, die den Schleier von meinen Augen entfernte, als ich inmitten der Menschen war, mit meinen Familienangehörigen, Freunden und Landsleuten. Ich hielt überrascht inne und sagte mir: Was sind das für Gesichter, die mich anstarren? Woher kenne ich sie? Wo traf ich sie? Und warum halte ich mich bei ihnen auf? Bin ich nicht ein Fremder unter ihnen, und sind sie nicht Fremde in Häusern, die das Leben für mich gebaut hat, und deren Schlüssel es mir anvertraut hat?"

Er schwieg, als ob die Erinnerung Bilder in sein Gedächtnis

projiziert hätte, die er nicht preisgeben wollte. Dann breitete er seine Arme aus und sagte flüsternd: „Das ist es, was mir vor vier Jahren widerfuhr. Da verließ ich die Welt und kam in diese Wildnis, um im Zustand des Wachens zu leben, und um mich zu erfreuen am Denken, Fühlen und Schweigen."

Er ging zur Tür der Einsiedelei und schaute in die Nacht. Dann sagte er mit lauter Stimme, als ob er sich an den Sturm wandte: „Es ist ein Erwachen in den Tiefen der Seele. Wer es kennengelernt hat, vermag es nicht in Worte zu kleiden; und wer es nicht kennt, wird seine Geheimnisse nie erahnen."

4

Eine Stunde verging, die erfüllt war vom Geflüster der Gedanken und vom Heulen des Sturmes. Yussuf al-Fachry ging im Innern der Einsiedelei auf und ab; von Zeit zu Zeit blieb er am Eingang stehen und blickte in die verregnete Nacht. Ich verharrte schweigend, lauschte den Schwingungen seines Geistes und dachte über seine Worte nach sowie über sein Leben und was sich darin an Freuden der Einsamkeit und Leiden verbarg.

Nach Mitternacht näherte er sich mir und betrachtete lange mein Gesicht, als wollte er sich das Bild des Menschen einprägen, dem er das Geheimnis seiner Einsamkeit und Zurückgezogenheit offenbart hatte. Dann sagte er: „Ich gehe jetzt, denn im Sturm zu laufen, ist für mich eine Freude, die ich im Herbst und Winter genieße. Hier ist die Cafetière und hier sind die Zigaretten; wenn du Wein trinken willst, so findest du ihn in diesem Krug, und wenn du schlafen willst, so nimm dir Decke und Kissen aus dieser Ecke."

Nach diesen Worten hüllte er sich in einen dicken, schwarzen Umhang und sagte lächelnd: „Ich bitte dich, die Tür der Einsiedelei zu schließen, wenn du sie morgen früh verläßt, denn ich werde den morgigen Tag im Zedernhain verbringen."

Er ging zur Tür, nahm einen langen Stock von der Wand und sprach: „Wenn der Sturm dich ein zweites Mal in dieser Umgebung überrascht, dann zögere nicht, in die Einsiedelei zu kommen. Allerdings wäre ich froh, wenn du deiner Seele die Liebe zum Sturm beibringst und nicht die Angst davor! Guten Abend, Bruder!" Und er trat eilig in die Nacht hinaus.

Als ich an die Tür der Einsiedelei trat und ihm nachblickte, hatte die Finsternis ihn bereits aufgenommen, und man hörte nur noch das Hallen seiner Schritte auf dem Kiesweg.

Als der Morgen kam, war der Sturm vorbei, die Wolken hatten sich zerstreut, und Felsen und Wälder erschienen im neuen Schmuck des Sonnenlichts. Ich verließ die Einsiedelei, nachdem ich ihre Tür gut verschlossen hatte. Da geschah in meiner Seele etwas von dem geistigen Erwachen, von dem Yussuf al-Fachry gesprochen hatte.

Kaum hatte ich die Häuser der Menschen erreicht, sah ihre Betriebsamkeit und hörte ihren Lärm, da hielt ich einen Moment inne und sagte mir: ‚Ja, das geistige Erwachen ist das wichtigste Ereignis im Menschen; es ist sogar das Ziel meines Lebens. Aber ist nicht auch die Zivilisation mit allem, was sie enthält, ein Weg zum geistigen Erwachen? Wie ließe sich das leugnen? Zwar mag unsere gegenwärtige Zivilisation eine vorübergehende Erscheinungsform sein, doch das ewige Gesetz macht aus diesen vorübergehenden Manifestationen eine Leiter, deren Sprossen uns zum absoluten Wesen führen.'

Ich habe Yussuf al-Fachry kein zweites Mal mehr getroffen, denn das Schicksal hat mich am Ende jenes Herbstes aus dem Nordlibanon verbannt. Ich emigrierte in ein entferntes Land, dessen Stürme gezähmt sind. Und was die Askese betrifft, so hält man sie in diesem Land für eine Torheit.

Jenseits meiner Einsamkeit

Jenseits meiner Einsamkeit liegt eine andere Einsamkeit, und wer sie bewohnt, dem erscheint meine Einsamkeit wie ein bevölkerter Marktplatz und mein Schweigen wie lautes Stimmengewirr.

Zu jung bin ich und zu ruhelos, um nach der Einsamkeit jenseits meiner Einsamkeit zu suchen. Die Stimmen des Tales drüben halten meine Ohren in Bann, und seine Schatten versperren meinen Weg dorthin.

Hinter diesen Hügeln liegt ein friedlicher Hain. Wer ihn bewohnt, dem erscheint mein Friede wie ein Wirbelwind und mein Glück wie eine Illusion. Zu jung bin ich und zu ausgelassen, um nach diesem friedlichen Hain zu streben. Der Geschmack von Blut haftet noch an meinen Lippen, Pfeil und Bogen meiner Väter sind noch in meinen Händen, und ich kann nicht dorthin aufbrechen.

Hinter diesem Ich, das von schweren Lasten niedergedrückt ist, liegt mein freieres Ich; ihm erscheinen meine Träume wie Kampfhandlungen, die in der Dämmerung ausgetragen werden, und meine Wünsche wie das Geklapper eines Skeletts.

Zu jung bin ich und zu maßlos, um mein freieres Ich zu sein.

Und wie könnte ich auch mein freieres Ich werden, ohne mein beladenes Ich zu beseitigen und ohne daß alle Menschen befreit werden?

Wie sollen meine Blätter fliegen und mit dem Wind singen, ohne daß meine Wurzeln im Dunkel verdorren?

Und wie soll sich der Adler in mir zur Sonne erheben, solange meine Jungen nicht das Nest verlassen haben, das ich mit meinem Schnabel für sie baute?

DER DICHTER

*E*in Dichter
ist ein entthronter König,
der zwischen der Asche
seines Palastes sitzt und
versucht, ein Selbstbildnis
aus der Asche zu gestalten.

                Kh. Gibran

Der Dichter

Er ist die Verbindung
zwischen dieser und jener Welt,
eine Quelle süßen Wassers
für den Durstigen,
ein Baum am Ufer des Flusses der Schönheit,
der reife Früchte trägt
für hungernde Herzen.

Eine singende Nachtigall ist er,
die auf Zweigen aus Worten hüpft
und Lieder singt,
die das Herz erfreuen,
oder eine weiße Wolke,
die am Abendhimmel erscheint,
sich erhebt und ausdehnt,
bis sie das Firmament füllt,
dann verwandelt sie sich in Regen
und tränkt die Blumen
der Felder des Lebens.

Er ist ein Engel,
den die Götter sandten,
um die Menschen Göttliches zu lehren,
ein helles Licht ist er,
das keine Dunkelheit besiegt
und kein Scheffel verbirgt;
er ist eine Lampe, von Astarte,
der Göttin der Liebe,
mit Öl gefüllt,
das Apoll, der Gott der Musik, verbrannte.

Ein Einsamer ist er,
unscheinbar gekleidet,
der von der Sanftmut lebt;

im Schoße der Natur
lernt er von der Schöpfung;
in der Stille der Nacht wacht er
und wartet auf die Eingebung des Geistes.
Er ist ein Sämann,
der die Samen seines Herzens aussät
in Gärten der Gefühle,
wo sie reiche Früchte tragen.

Die Menschen aber beachten ihn nicht,
solange er unter ihnen lebt.
Sie erkennen ihn erst,
wenn er Abschied nimmt von dieser Welt,
um in seine himmlische Heimat zurückzukehren.
Nichts erwartet der Dichter von ihnen
außer einem Lächeln.
Sein Geist erhebt sich
und erfüllt den Raum
mit Bildern der Schönheit.
Doch die Menschen versagen ihm
Nahrung und Wohnung.

Bis wann, o Mensch,
bis wann, o Welt,
baust du denjenigen Paläste,
welche die Erde mit Blut beflecken,
und du geizt mit denen,
die dir das Beste ihrer Seele schenken,
ihren Frieden und ihre Sanftmut?

Bis wann wirst du das Morden preisen
und die Menschen feiern, die ihren Nacken
unter das Joch der Sklaverei beugen,
während du jene vergißt,
die das Licht ihrer Augen
ins Dunkel der Nacht verströmen,

um dir die Schönheiten des Tages zu zeigen;
sie verbringen ihr Leben
in den Fallstricken des Unglücks,
um dir den Weg zum Glück zu weisen.

O Dichter,
ihr seid das Leben des Lebens!
Ihr habt Jahrhunderte beherrscht
trotz ihrer Tyrannei!
Ihr habt Lorbeerkränze gewonnen,
den Dornen der Verblendeten zum Trotz!
Ihr herrscht über die Herzen,
und eure Herrschaft hat kein Ende.

DER DICHTER

Ich bin ein Fremder in dieser Welt!

Ich bin ein Fremder, und dieses Fremdsein verursacht schmerzliche Einsamkeit und Isolation; doch zugleich bewirkt es, daß ich unaufhörlich an ein zauberhaftes Land denke, das ich nicht kenne, und meine Träume füllen sich mit Bildern jenes fernen Landes, das meine Augen nie gesehen haben.

Ich bin ein Fremder für meine Familie und meine Freunde. Wenn ich einen von ihnen treffe, frage ich mich: „Wer ist das? Woher kenne ich ihn? Welche Bande verbinden mich mit ihm? Warum unterhalte ich mich mit ihm?"

Ich bin mir selber fremd, und wenn ich mich reden höre, findet mein Ohr meine Sprache fremdartig. Ich sehe mein verborgenes Ich lachen oder weinen – mutig oder ängstlich sein, und ich wundere mich darüber. Ich suche nach einer Erklärung, ohne sie zu finden. Ich bleibe mir fremd – eingehüllt in Nebel und umgeben von Schweigen.

Ich bin ein Fremder meines Körpers. Wenn ich vor einem

Spiegel stehe, sehe ich in meinem Gesicht, was ich nicht fühle, und ich entdecke in meinen Augen, was die Tiefen meines Herzens nicht enthalten.

Ich laufe ziellos durch die Straßen der Stadt. Die Jungen folgen mir und rufen:

„Seht den Blinden! Geben wir ihm einen Stock, auf den er sich stützen kann!"

Ich ergreife die Flucht vor ihnen und stoße auf eine Gruppe junger Mädchen, die sich an meine Fersen heften und sagen:

„Er ist taub wie ein Fels. Füllen wir seine Ohren mit Liebesliedern!"

Ich entfliehe ihnen und treffe eine Gruppe Erwachsener, die sich um mich scharen und sagen:

„Er ist stumm wie ein Grab. Laßt uns ihn zum Sprechen bringen!"

Ich entferne mich ängstlich und stoße auf eine Gruppe von Greisen. Sie zeigen mit ihren zitternden Fingern auf mich und sagen:

„Das ist ein Narr, der seinen Verstand verloren hat."

Ich bin ein Fremder in dieser Welt. Ich habe den Westen und den Osten dieser Erde durchwandert, ohne meinen Geburtsort zu finden und ohne jemanden zu treffen, der von mir gehört hat.

Am Morgen erwache ich und finde mich in einer dunklen Höhle, von deren Decke Schlangen hängen und über deren Boden Insekten kriechen. Ich trete ins Licht hinaus, und der Schatten meines Körpers folgt mir; der Schatten meiner Seele aber geht mir voraus an einen Ort, den ich nicht kenne, auf der Suche nach Dingen, die ich nicht verstehe, und nach Objekten greifend, die ich nicht brauche.

Und wenn der Abend kommt, kehre ich zurück und lege

mich auf mein Lager, das aus Straußenfedern und Dornen besteht. Dann kommen mir merkwürdige Ideen – ärgerliche und ergötzliche, s
chmerzliche und erfreuliche.

Dichter und Emigranten

Wenn unsere großen Dichter al-Mutanabi[2] und al-Farid[3] geahnt hätten, daß ihre Werke als Grundlage für steriles Denken dienen und von unseren heutigen Dichterlingen als Orientierung benutzt werden, so hätten sie gewiß ihre Tinte in den Steinbüchern des Vergessens ausgegossen und ihre Federn mit sorgloser Hand zerbrochen.

Und wenn Homer, Vergil, Muarri und Milton gewußt hätten, daß ihre Dichtung, die aus einer Seele kommt, die Gott gleicht, in den Häusern der Reichen wohnen würde, hätten sich ihre Geister von der Erde entfernt und sich hinter den Planeten versteckt.

Ich bin nicht unduldsam, aber es schmerzt mich sehr, die Sprache jener großen Geister von den Zungen Unwissender zu hören und das Wasser des Paradiesflusses aus den Federn derjenigen fließen zu sehen, die sich nur anmaßen, Dichter zu sein. Ich empfinde nicht alleine diesen Groll, vielmehr bin ich einer unter vielen, die angewidert auf die Frösche blicken, die sich aufblähen, um einem Stier zu gleichen.

Die Dichtung, ihr Menschen, ist heiliger Geist, verkörpert durch ein Lächeln, das das Herz erfreut, oder durch einen Seufzer, dem weinenden Auge entrungen; es sind Bilder, die in der Seele wohnen, ihre Nahrung ist das Herz, ihr Getränk die Gefühle. Und wenn die Dichtung sich aus anderen Quellen nährt, so ist sie ein Scharlatan, den man besser vertreibt.

---

[2] 915–965, bedeutendster arabischer Dichter der Nachklassik.
[3] 1119–1220, genannt der göttliche Dichter.

O Göttin der Dichtkunst, verzeih die Schuld derer, die sich dir mit geschwätziger Rede nähern, statt dich anzubeten mit der Lauterkeit ihrer Seele und der Vorstellungskraft ihres Geistes.

Ihr großen Geister der Dichtung, die ihr aus der ewigen Welt auf uns herabschaut, wir haben keine andere Rechtfertigung dafür, daß wir uns dem Altar nähern, den ihr mit den Perlen eurer Gedanken und dem Tresor eurer Seelen geschmückt habt – außer der, daß in unserem Jahrhundert die Ruhelosigkeit der Maschinen und der Lärm der Fabriken immer stärker wurden, so daß unsere Dichtung schwerfällig und geräuschvoll daherkommt – wie eine Dampflokomotive und unseren Ohren weh tut – wie der Lärm von Motoren.

Verzeiht uns, ihr wahren Dichter! Doch wir sind aus der neuen Welt; wir laufen der Materie hinterher. Und selbst unsere Poesie wurde zur Materie – geschaffen von unseren Händen und unverständlich für unsere Seelen.

Eines Dichters Tod ist sein Leben

Die Flügel der Nacht legten ihren Schatten auf die Stadt, und der Schnee hüllte sie in ein weißes Gewand. Die Menschen flohen von den Straßen und Plätzen in ihre Nester. Ein Sturm erhob sich und fegte durch die Stadt. Erst an den mamornen Gräbern des Friedhofs hielt er an und stimmte eine Totenklage an.

Am Rande dieser Stadt stand ein ärmliches Haus, auf dessen zerfallenen Mauern eine dicke Schneeschicht lastete, so daß sie einzustürzen drohten. Drinnen in einer Ecke lag auf einem schäbigen Bett ein Sterbender, der das schwache Licht einer Öllampe betrachtete, das mit der Finsternis kämpfte und sie besiegte. Der Sterbende war im Frühling seines Leben. Er wußte von der kurzen Frist, die ihm bis zur Befreiung aus den Fesseln des Lebens blieb, und er erwartete sein Schicksal. Auf seinem blassen Gesicht lag ein Schimmer der Hoffnung, auf seinen Lippen ein trauriges Lächeln.

Dieser Jüngling war ein Dichter. Er war in die Welt gekommen, um das Herz der Menschen durch seine Worte zu erfreuen. Nun starb er vor Hunger in der Stadt der Reichen. Er war eine edle Seele, ausgesandt von der Güte Gottes, um das Leben der Menschen zu verschönern, und er nahm Abschied von unserer Welt, bevor ihre Bewohner ihn beachtet und ihm ein Lächeln geschenkt hatten. Während er seine letzten Atemzüge tat, war niemand bei ihm außer der Öllampe, der treuen Begleiterin seiner Einsamkeit, und einigen Seiten Papier, auf denen er die Eingebungen seines Geistes festgehalten hatte.

Der Jüngling sammelte den Rest seiner schwindenden Kräfte, erhob seine Hände zum Himmel und wandte seine welken Augenlider nach oben, als ob er mit seinen letzten Blicken das Dach seiner ärmlichen Hütte durchdringen wollte, um die Sterne hinter den Wolken zu sehen. Dann sagte er:

„Komm, schöner Tod, meine Seele sehnt sich nach dir! Komm und löse die Bande der Materie. Ich bin es leid, sie mit mir herumzutragen. Komm, süßer Tod, und rette mich von den Menschen, die mich als Fremdling behandeln, weil ich das, was ich von den Engeln hörte, in eine menschliche Sprache übersetzte. Eile zu mir, Tod, denn die Menschen haben mich verlassen und mich ausgestoßen in eine Ecke des Vergessens, weil ich nicht wie sie nach Geld strebe und mich nicht der Menschen bediene, die schwächer sind als ich. Komm, süßer Tod, und hole mich zu dir, denn die Kinder dieser Erde brauchen mich nicht. Drücke mich an dein liebevolles Herz, und küsse meine Lippen, die weder den Kuß meiner Mutter kosteten noch den einer Geliebten und die nicht das Gesicht einer Schwester berührten. Eile zu mir, und küsse du mich, geliebter Tod!"

In diesem Augenblick erschien neben dem Bett des sterbenden Jünglings eine schöne Frau, welche die Schönheit aller menschlichen Frauen in den Schatten stellte. Sie trug ein Gewand, so weiß wie der Schnee, und in ihrer Hand hielt sie einen Kranz aus Lilien, der auf himmlischen Feldern gewachsen war. Dann näherte sie sich dem Jüngling, küßte seine Lippen zärtlich und hinterließ auf ihnen ein zufriedenes Lächeln.

Da wurde die Hütte leer, und die einzigen Spuren seiner Existenz auf Erden waren einige beschriebene Blätter, die verstreut in einer Ecke lagen.

Epochen vergingen, und die Bewohner dieser Stadt waren versunken in einen Winterschlaf des Unwissens. Als sie schließlich wach wurden und das Morgenrot der Erkenntnis erblickten, errichteten sie für den Dichter in der Mitte des Marktplatzes eine große Statue, und jedes Jahr feierten sie ihm zu Ehren ein Fest ... Wie unwissend ist der Mensch!

Vor dem Thron der Schönheit

Wir leben nur, um Schönheit zu entdecken

Kh. Gibran

Von der Schönheit

Und ein Dichter sagte: Sprich uns von der Schönheit. Und er antwortete:

Wo werdet ihr Schönheit suchen und sie finden, wenn sie nicht selber euer Weg und Führer ist?

Und wie werdet ihr von ihr sprechen, wenn sie nicht selber die Weberin eurer Rede ist?

Die Gekränkten und Verletzten sagen: „Schönheit ist gütig und sanft.

Wie eine junge Mutter, ein wenig schüchtern wegen ihrer eigenen Herrlichkeit, geht sie unter uns."

Und die Leidenschaftlichen sagen: „Nein, Schönheit ist ein machtvolles und furchterregendes Wesen.

Wie der Sturm schüttelt sie die Erde unter uns und den Himmel über uns."

Die Müden und die Erschöpften sagen: „Schönheit ist sanftes Geflüster. Sie spricht in unserem Geist.

Ihre Stimme fügt sich unserer Stille wie ein schwaches Licht, das in Angst vor dem Schatten zittert."

Doch die Ruhelosen sagen: „Wir haben sie in den Bergen rufen hören,

Und mit ihren Rufen kamen Hufgeräusche und Flügelschlagen und Löwengebrüll."

Bei Nacht sagen die Wächter der Stadt: „Schönheit wird sich mit der Morgenröte aus dem Osten erheben."

Und zur Mittagszeit sagen die Arbeiter und Wanderer: „Wir haben gesehen, wie sie sich aus den Fenstern der Abendröte über die Erde neigte."

Im Winter sagen die Eingeschneiten: „Sie wird mit dem Frühling über die Hügel gesprungen kommen."

Und in der Sommerhitze sagen die Schnitter: „Wir haben sie mit den Herbstblättern tanzen sehen, einen Schneestreif im Haar."

All das habt ihr von der Schönheit gesagt,

Doch in Wahrheit spracht ihr nicht von ihr, sondern von unbefriedigten Bedürfnissen,
Und Schönheit ist kein Bedürfnis, sondern eine Verzückung.
Sie ist weder ein dürstender Mund noch eine leere ausgestreckte Hand,
Sondern ein entflammtes Herz und eine verzauberte Seele.
Sie ist weder das Bild, das ihr sehen möchtet, noch das Lied, das ihr hören möchtet,
Sondern ein Bild, das ihr seht, obwohl ihr eure Augen zumacht, und ein Lied, das ihr hört, obwohl ihr eure Ohren verschließt.
Sie ist weder der Saft in der schrundigen Rinde noch ein Flügel an einer Klaue,
Sondern ein Garten in ständiger Blüte und eine Engelschar in stetigem Flug.
Leute von Orphalese, Schönheit ist Leben, wenn das Leben sein heiliges Gesicht entschleiert.
Aber ihr seid das Leben, und ihr seid der Schleier.
Schönheit ist Ewigkeit, die sich in einem Spiegel anschaut.
Aber ihr seid die Ewigkeit, und ihr seid der Spiegel.

Vor dem Thron der Schönheit

Ich floh vor der Menschenmenge in ein weites Tal; bald folgte ich wandernd dem Lauf des Flusses, bald lauschte ich der Unterhaltung der Vögel, bis ich einen Platz erreichte, wo mich dichtes Gezweig vor den Blicken der Sonne schützte. Dort ließ ich mich nieder, plauderte mit meiner Einsamkeit und hielt Zwiesprache mit meiner Seele, einer dürstenden Seele, für die alles Sichtbare wie Luftspiegelung ist und alles Unsichtbare wie ein labender Trunk.

Und als mein Geist dem Gefängnis der Materie entflohen war, blickte ich mich um und sah ein Mädchen neben mir stehen. Es war eine Nymphe, die weder Gewand noch Schmuck trug, nur einen Zweig aus Weinreben, womit sie einen Teil ihres Körpers verbarg, und einen Kranz aus Anemonen, der ihre goldenen Haare zusammenhielt. Als sie mein Erstaunen und meine Verwirrung in meinen Blicken las, sagte sie:

„Ich bin die Tochter des Waldes. Hab keine Angst!"

Nachdem die Sanftheit ihrer Stimme mir Vertrauen eingeflößt hatte, fragte ich:

„Können Wesen wie du an einem Ort wohnen, wo Wildnis herrscht und wilde Tiere leben? Sag mir bei deinem Leben, wer bist du und woher kommst du?"

Sie setzte sich ins Gras und sagte:

„Ich bin ein Symbol der Natur. Ich bin die Jungfrau, die deine Vorfahren anbeteten und für die sie Altäre und Tempel in Baalbek, Afqa und Byblos errichteten."

„Diese Tempel sind zerstört", sagte ich, „und die Gebeine meiner Vorfahren wurden zu Staub; von ihren Göttern und ihrer Religion bleibt nichts übrig außer einigen Seiten im Innern einiger Bücher."

Sie antwortete: „Viele dieser Götter lebten im Leben ihrer Anbeter, und sie starben mit ihrem Tod. Doch es gibt andere, die als ewige himmlische Gottheiten leben. Meine Göttlichkeit lebt aus der Schönheit der Natur, die du überall wahrnimmst, wohin dein Auge blickt. Die gesamte Natur in all ihren Formen ist Schönheit; eine Schönheit, die für den Hirten auf den Hügeln, für den Dorfbewohner auf den Feldern und für die Beduinen auf ihren Wanderungen zwischen Gebirge und Küste der Beginn des Glückes ist und für den Weisen die Leiter zum Thron der Wahrheit, die nicht verletzt."

Ich entgegnete: „In der Tat, die Schönheit ist eine furchtbare und schreckliche Macht!" Und dabei drückte das Klopfen meines Herzens aus, was meine Zunge nicht weiß.

Auf ihrem Mund erschien das Lächeln der Blumen und in ihren Augen das Geheimnis des Lebens, als sie sagte:

„Ihr Menschen fürchtet alles, sogar euch selbst. Ihr fürchtet den Himmel, der die Quelle des Friedens ist; ihr fürchtet die Natur, die euer Ruhelager ist. Ja, ihr fürchtet den Gott der Götter und unterstellt ihm Zorn und Haß; und wäre er nicht Liebe und Erbarmen, so wäre er nicht."

Nach einer Weile angenehmster Träumerei fragte ich sie:

„Was ist Schönheit? Die Menschen haben die unterschiedlichsten Vorstellungen von ihr, und im Lob und in der Liebe zu ihr weichen sie voneinander ab."

Sie antwortete:

„Schönheit ist, was deine Seele anzieht. Sie ist das, was du siehst und dich veranlaßt, zu geben statt zu nehmen. Sie ist das, was du fühlst, wenn du ihr begegnest und deine Hände ausstreckst, um sie an dich zu ziehen. Sie ist das, was der Körper als Prüfung ansieht und der Geist als Geschenk. Sie ist die Eintracht zwischen Traurigkeit und Freude. Sie ist all das, was du als Verborgenes erkennst, als Unbekanntes ahnst und schweigend hörst. Sie ist eine Macht, die in deinem Allerheiligsten beginnt und jenseits deiner Visionen endet ..."

Die Tochter des Waldes näherte sich mir; sie legte ihre duftende Hand auf meine Augenlider, und als sie sich wieder entfernte, fand ich mich allein in diesem Tal. Ich ging zurück, und meine Seele wiederholte:

„Die Schönheit ist das, was du siehst und dich veranlaßt, zu geben statt zu nehmen."

Lied der Schönheit

Ich bin der Führer der Liebe,
der Wein des Geistes
und die Nahrung des Herzens.
Ich bin eine Rose, die ihr Herz
bei Anbruch des Tages öffnet;
ein junges Mädchen pflückt mich,
küßt mich und drückt mich
an ihre Brust.

Ich bin das Haus des Glückes,
die Quelle der Freude
und der Anfang der Ruhe.
Ich bin ein Lächeln
auf den Lippen eines jungen Mädchens;
ein Jüngling sieht es,
er vergißt seine Sorgen,
und sein Leben wird eine Bühne
süßer Träume.

Ich bin die Inspiration der Dichter,
der Künstler Wegweiser,
der Musiker Lehrer.
Ich bin ein Leuchten
im Auge eines Kindes,
seine zärtliche Mutter
entdeckt es,
kniet sich nieder
und dankt Gott.

Ich erschien Adam
in Evas Gestalt
und machte ihn zum Sklaven;
ich erschien Suleiman
in der Gestalt seiner Geliebten,

er wurde ein Weiser
und ein Dichter.

Ich lächelte Helena an,
und Troja wurde zerstört.
Ich krönte Kleopatra,
und Friede verbreitete sich
im Niltal.

Ich bin wie das Schicksal:
heute baue ich auf
und morgen zerstöre ich;
ich bin wie Gott:
ich lasse leben
und lasse sterben.

Leichter bin ich
als ein Seufzen eines Veilchens
und gewaltiger als der Sturm;
ich bin eine Wahrheit, ihr Menschen,
eine Wahrheit bin ich.

DIE SCHÖNHEIT

„Die Schönheit ist die Religion der Weisen."
  (Indischer Dichter)

Ihr, die ihr angesichts der mannigfachen Religionen verwirrt seid und ratlos umherirrt in den Tälern der unterschiedlichen Glaubensrichtungen, die ihr die Freiheit des Unglaubens den Fesseln der Unterwerfung vorzieht und die Schauplätze der Ablehnung anziehender findet als die Hochburgen des Gehorsams, erwählt die Schönheit als eure Religion!

Betet den Gott an, der sich in der Vollkommenheit der sichtbaren Schöpfung offenbart, ebenso wie in den Früchten des Geistes. Macht die Frömmigkeit zum Lebensinhalt. Bringt eure Liebe zum Besitz in Einklang mit dem Eifer für die Errungenschaft des Geistes. Glaubt an die Göttlichkeit der Schönheit. Dann ist der Beginn eurer Zustimmung zum Leben die Quelle eurer Liebe und eures Glückes. Kehrt um zu ihm, der eure Herzen dem Throne der Frau näherbringt, dem Spiegel eurer Kultstätten und Erzieher eurer Seelen im Bereich der Natur, welche die Heimat eures Lebens ist.

Ihr, die ihr verloren seid in Nächten der Gerüchte und versunken in Abgründe von Irrtümern, wisset, daß es in der Schönheit eine Wahrheit gibt, die alle Unwissenheit verbannt und jeden Zweifel verbietet, und sie enthält Licht, das euch vor der Finsternis des Falschen schützt.

Betrachtet das Erwachen des Frühlings und das Erscheinen der Morgenröte! Die Schönheit offenbart sich denjenigen, die betrachten. Lauscht dem Lied der Vögel, dem Rascheln der Zweige und dem Rauschen der Flüsse, denn die Schönheit offenbart sich denjenigen, die lauschen.

Meditiert die Unschuld des Kindes, die Anmut der Jugend, die Kraft des Erwachsenen und die Weisheit des Alters! Die Schönheit zeigt sich denjenigen, die meditieren.

Besingt die Narzissen der Augen, die Rosen der Wangen, die Anemonen des Mundes, denn die Schönheit wird im Gesang verherrlicht. Preist die Zweige der Gestalt, die Nacht der Haare, das Elfenbein des Halses, denn die Schönheit erfreut sich am Lobpreis. Weiht den Körper zum Tempel der Schönheit, weiht ihn zum Altar der Liebe. Die Schönheit belohnt ihre Anhänger.

Jubelt, die ihr die Wunder der Schönheit erhalten habt! Freut euch und frohlocket! Ihr sollt euch weder fürchten noch traurig sein.

Das Spielfeld des Lebens

Eine Minute, die erfüllt ist von Eindrücken der Schönheit und von Liebesträumen, ist größer und kostbarer als ein Jahrhundert voll Ehre, welche die Schwachen den Mächtigen erweisen.

Denn in jener Minute offenbart sich das Göttliche im Menschen, während es in jenem Jahrhundert verborgen ist unter einer Decke dunkler Träume.

In jener Minute ist die Seele von der Bürde menschlicher Gesetze befreit, doch in jenem Jahrhundert ist sie gefangen hinter Mauern des Vergessens und gefesselt an Ketten der Unterdrückung.

Jene Minute ist die Wiege von Salomons Lied, von der Bergpredigt und den Gedichten al-Farids, und jenes Jahrhundert gebiert die blinde Gewalt, welche die Tempel von Baalbek, die Paläste von Palmyra und die Türme von Babylon zerstörte.

Ein Tag, den die Seele damit verbringt, den Tod der Rechte des Armen zu beklagen und den Verlust der Gerechtigkeit zu beweinen, ist besser und wertvoller als ein Leben, das ein Mensch damit zubringt, seine Begierden und Wünsche zu befriedigen.

Denn jener Tag reinigt das Herz mit seinem Feuer und erhellt es mit seinem Licht, jenes Leben aber bedeckt es mit seinen dunklen Flügeln und begräbt es unter Erdschichten.

Jener Tag war der Tag der Durchquerung des Roten Meeres, der Tag von Golgatha sowie der Tag der Flucht Mohammads von Mekka nach Medina. Und jenes Leben war das Leben Neros auf dem Markt des Unrechts, das Leben Korahs auf dem Altar des Ehrgeizes und das Leben, das Don Juan im Grab körperlicher Begierden begrub.

Das ist das Leben: die Nächte spielen es auf der Bühne der Zeit, die Tage singen es als Lied, und die Ewigkeit bewahrt es wie eine Perle.

Gesetz und Freiheit

Nur ein Idiot und ein Genie brechen die von Menschen geschaffenen Gesetze; sie sind dem Herzen Gottes am nächsten.

Kh. Gibran

Korrupte Gesetze

Seit siebzig Jahrhunderten lassen sich die Menschen von korrupten Gesetzen tyrannisieren. Sie sind nicht mehr fähig, die Bedeutung der ursprünglichen, himmlischen und ewigen Gesetze zu verstehen. Die menschliche Intelligenz hat sich an das schwache Kerzenlicht gewöhnt und erträgt es nicht mehr, in das Licht der Sonne zu blicken. Dieses Siechtum und Gebrechen hat sich von Generation zu Generation vererbt, bis es zum Allgemeingut des Menschen wurde, zu einer Gewohnheit, einem dem Menschen anhaftenden Attribut; schließlich wurden diese Eigenschaften nicht einmal mehr als Gebrechen oder Krankheit erachtet, sondern man hielt sie für eine natürliche Veranlagung, mit der Gott Adam ausgestattet hat. Und wenn diese Menschen jemanden begegnen, der diese Eigenschaften nicht besitzt, halten sie ihn für minderwertig, unwillkommen und fehlerhaft.

Von der Freiheit

Und ein Redner sagte: Sprich uns von der Freiheit.

Und er antwortete:

Am Stadttor und an eurem Herd habe ich euch unterwürfig und in Anbetung eurer Freiheit gesehen,

Wie Sklaven sich vor einem Tyrannen erniedrigen und ihn preisen, obwohl er sie tötet.

Ja, im Hain des Tempels und im Schatten der Zitadelle habe ich die Freiesten unter euch ihre Freiheit als Joch und Handschellen tragen sehen.

Und das Herz blutete mir; denn ihr könnt nur frei sein, wenn selbst der Wunsch, die Freiheit zu suchen, euch zum Zügel wird und wenn ihr aufhört, von Freiheit als Ziel und Erfüllung zu reden.

Wirklich frei werdet ihr nicht sein, wenn eure Tage ohne Sorge sind und eure Nächte ohne jeden Wunsch und Kummer.

Sondern erst dann, wenn sie euer Leben umfassen und ihr euch dennoch nackt und ungebunden über sie erhebt.

Und wie wollt ihr euch über eure Tage und Nächte erheben, wenn ihr nicht die Ketten brecht, die ihr im Morgengrauen eures Verstehens eurer Mittagsstunde angelegt habt?

In Wahrheit ist das, was ihr Freiheit nennt, die stärkste dieser Ketten, wenn auch ihre Glieder in der Sonne glitzern und eure Augen blenden.

Und was sind es anders als Teile eures eigenen Ichs, die ihr ablegen wollt, um frei zu werden?

Wenn es ein ungerechtes Gesetz ist, das ihr abschaffen wollt, dann habt ihr es mit eigener Hand auf eure Stirn geschrieben.

Ihr könnt es nicht auslöschen, indem ihr eure Gesetzbücher verbrennt oder die Stirn eurer Richter wascht, und wenn ihr das Meer darauf gießt.

Und wenn es ein Despot ist, den ihr vom Thron stürzen wollt, seht zu, daß sein Thron zerstört wird, den ihr in euch errichtet habt.

Denn wie kann ein Tyrann die Freien und Stolzen regieren, außer durch eine Tyrannei ihrer eigenen Freiheit und eine Scham über ihren eigenen Stolz?

Und wenn es eine Sorge ist, die ihr ablegen wollt, ist diese Sorge eher von euch gewählt als euch auferlegt.

Und wenn es eine Angst ist, die ihr verjagen wollt, ist der Sitz dieser Furcht in eurem Herzen und nicht in der Hand des Gefürchteten.

Wahrhaftig, all das umarmt sich ständig in euch, das Ersehnte und das Gefürchtete, das Abstoßende und das Geschätzte, das Erstrebte und das, dem ihr ausweichen wollt.

All das bewegt sich paarweise in euch wie Licht und Schatten, die einander verhaftet sind.

Und wenn der Schatten verblaßt und nicht mehr da ist, wird das Licht, das verweilt, zum Schatten eines anderen Lichts.

Und so wird eure Freiheit, wenn sie ihre Fesseln ablegt, selber zur Fessel einer größeren Freiheit.

DIE SCHREIE DER GRÄBER

1

Der Emir saß mit gekreuzten Beinen auf der Richtertribüne, umgeben von den Weisen des Landes, die zu seiner Rechten und zu seiner Linken saßen; in ihren ehrwürdigen, faltigen Gesichtern spiegelten sich die Seiten der Bücher und Schriften, die sie studiert hatten. Um sie herum standen die Soldaten mit gezückten Schwertern und aufgerichteten Lanzen, und vor ihnen auf dem Platz verharrte das Volk; die einen waren aus Neugier hierhergekommen, während die anderen das Urteil über das Verbrechen eines Verwandten oder Bekannten hören wollten; sie warteten mit gebeugten Köpfen und gesenkten Blicken, und sie hielten ihren Atem an, als gäbe es in den Augen des Emirs eine Kraft, die ihren Herzen Angst einflößte und ihren Seelen Schrecken einjagte.

Als das hohe Gericht vollständig versammelt und die Stunde der Rechtsprechung herangerückt war, erhob der Emir seine Hand und gebot: Führt mir die Verbrecher einzeln vor und berichtet mir von ihrem Vergehen!

Die Tür des Gefängnisses wurde geöffnet und seine dunklen Wände wurden sichtbar wie der Rachen eines wilden Tieres, wenn es gähnend seine Kiefer aufreißt. Aus dem Gefängnisinnern drang das Klirren der Ketten und Fesseln, begleitet vom Seufzen und Stöhnen der Gefangenen. In diesem Moment blickten die Anwesenden auf und reckten ihre Hälse, um die Beute des Todes aus den Tiefen ihrer Gräber hervorkommen zu sehen.

Nach einer Weile kamen zwei Soldaten aus dem Gefängnis,

die in ihrer Mitte einen Jüngling herausführten, dessen Handgelenke gefesselt waren. Sein finsteres Gesicht und seine verschlossenen Blicke deuteten auf den Stolz seiner Seele und die Stärke seines Herzens. Die Soldaten brachten ihn vor das Tribunal und traten dann ein Stück zurück. Der Emir blickte den Gefesselten einen Augenblick an, dann fragte er: Welches ist das Vergehen dieses Jünglings, der mit erhobenem Kopf vor uns steht, als ob er eine rühmliche Tat vollbracht hätte und nicht in richterlicher Gewalt wäre?

Einer der Beisitzer des Emirs antwortete: Er ist ein gemeiner Mörder; er hat sich gestern dem Befehlshaber des Emirs widersetzt und ihn erschlagen, als dieser im Auftrag Seiner Hoheit die Dörfer durchquerte. Als man ihn festnahm, hielt er in seiner Hand noch das blutbefleckte Schwert.

Der Emir bewegte sich zürnend auf seinem Thron, Pfeile der Entrüstung schossen aus seinen Augen, und er rief mit lauter Stimme: Bringt ihn zurück in die Finsternis und legt seinen Körper in Ketten! Wenn der Morgen anbricht, köpft ihn mit seinem eigenen Schwert und laßt seine Leiche im Freien, damit die Adler und Raubtiere sie in Stücke reißen und der Wind den Geruch der Verwesung bis zu seiner Familie und seinen Freunden trägt!

Sie führten den Jüngling in das Gefängnis zurück, während die Menschen ihm mit besorgten Blicken und tiefen Seufzern nachschauten, denn er war ein Jüngling in der Blüte seines Lebens, von stattlicher Erscheinung und gut aussehend.

Da kamen die beiden Soldaten wieder aus dem Gefängnis, und in ihrer Mitte führten sie eine junge Frau mit hübschem Gesicht und von zerbrechlicher Gestalt. Verzweiflung und Gram hatten ihr Gesicht gelb gefärbt; Tränen standen in ihren Augen und ihren Kopf hielt sie gesenkt vor Scham.

Nachdem der Emir sie aufmerksam betrachtet hatte, erkundigte er sich: Was hat diese ausgemergelte Frau getan, die vor uns steht wie ein Schatten neben der Wirklichkeit? Einer der Soldaten erwiderte: Sie ist eine schamlose Ehebrecherin! Ihr

Mann überraschte sie und fand sie in den Armen ihres Liebhabers. Er überlieferte sie der Polizei, nachdem ihr Geliebter die Flucht ergriffen hatte.

Der Emir musterte sie mit seinen Blicken, während sie beschämt den Kopf zu Boden senkte, dann befahl er: Bringt sie zurück in die Finsternis und legt sie auf ein Dornenbett, damit sie sich an das Lager erinnert, das sie mit Schande befleckte! Gebt ihr Essig mit Myrrhe vermischt zu trinken, damit sie sich an den Geschmack der verbotenen Küsse erinnert! Wenn die Morgendämmerung anbricht, schleift sie nackt über die Straßen bis vor die Stadt! Dort steinigt sie und laßt ihre Leiche liegen, damit sich die Wölfe an ihrem Fleisch ergötzen und die Würmer und Insekten ihre Knochen zernagen!

Während die junge Frau in die Dunkelheit ihres Kerkers zurückgebracht wurde, schauten ihr die Anwesenden nach, die einen, indem sie die Gerechtigkeit des Emirs bewunderten, die anderen, indem sie Mitleid hegten wegen der Schönheit ihres traurigen Gesichts und der Weichheit ihrer melancholischen Blicke.

Die Soldaten erschienen zum dritten Mal und hatten einen schwachen Greis in ihrer Mitte, der seine zitternden Beine nach sich zog, als wären sie zwei Stoffetzen eines alten, abgewetzten Gewandes; er drehte sich ängstlich nach allen Seiten um, und in seinen schmerzverzerrten Blicken erschienen die Vorstellungen von Elend, Armut und Unglück.

Der Emir sah ihn an und sagte mit verächtlichem Tonfall: Was ist das Vergehen dieses Schmutzfinks, der wie ein Toter zwischen den Lebenden steht?

Einer der Soldaten antwortete: Er ist ein Räuber, der in der Nacht ins Kloster eingebrochen ist; die frommen Mönche haben ihn dabei ertappt, wie er die kostbaren goldenen Gefäße ihres heiligen Altars in den Falten seines Umhangs verstecken wollte.

Der Emir fixierte ihn mit den Blicken eines Geiers, der einen Vogel mit gebrochenen Flügeln erblickt und rief: Bringt ihn hinunter in die Tiefen der Finsternis und legt ihn in Ketten! Bei Anbruch des Morgens schleift ihn bis vor die Stadt zu einem hohen Baum und hängt ihn dort an einem Strick auf! Laßt seinen Körper zwischen Himmel und Erde schweben, damit die Elemente der Natur seine verbrecherischen Finger zerfressen und die Winde seine zerrupften Glieder verstreuen!

Sie brachten den Räuber ins Gefängnis zurück, und die Leute flüsterten einander ins Ohr: Wie konnte es dieser schwächliche Ungläubige wagen, die kostbaren Gefäße des heiligen Klosters zu stehlen?

Der Emir verließ die Richtertribüne, und die Weisen, Rechtsgelehrten und Soldaten geleiteten ihn in den Palast zurück; die Versammlung der Zuschauer zerstreute sich und der Platz wurde leer und still bis auf das Wehklagen der Gefangenen und die Seufzer der Verzweifelten, die wie Gespenster auf den Mauern schwankten.

All dies geschah, während ich dastand wie ein Spiegel vor vorbeiziehenden Geistern. Ich dachte über die Gesetze nach, die von Menschen für Menschen aufgestellt wurden, und ich sann über das nach, was die Menschen für Gerechtigkeit halten; ich versuchte, in die Geheimnisse des Lebens einzudringen und den Sinn des Lebens zu erforschen ...

Als sich meine Gedanken zerstreuten wie die Linien des Abendrots, die sich im Nebel verflüchtigten, verließ ich diesen Ort und sagte zu mir: Das Gras ernährt sich aus den Grundstoffen der Erde; die Schafe weiden das Gras; der Wolf frißt die Schafe und das Einhorn tötet den Wolf; der Löwe jagt das Einhorn und der Tod vernichtet den Löwen. Gibt es eine Macht, die den Tod überwindet und aus der Kette dieser Verbrechen eine dauernde Gerechtigkeit macht? Gibt es eine Macht, die diese widerwärtigen Ursachen in heilsame Wirkungen verwandelt? Gibt es eine Macht, die in ihren Handflächen alle Elemente des Lebens umschließt und sie lächelnd an ihr Herz zieht und mit sich vereinigt, so wie das Meer alle Flüsse und Flüßchen singend in seine Tiefen einverleibt? Gibt es eine Macht, die den Mörder und sein Opfer, die Ehebrecherin und ihren Geliebten, den Dieb und den Bestohlenen vor ein Gericht stellt, das erhabener und großherziger ist als das Gericht des Emirs?

2

Am nächsten Tag verließ ich die Stadt und spazierte durch die Felder, wo die Stille der Seele das offenbart, was sie entspannt und erfrischt, wo die Reinheit des Himmels die Keime der Traurigkeit und Verzweiflung beseitigt, die die engen Straßen und die dunklen Häuser hervorbringen.

Als ich am Rande des Tales ankam, drehte ich mich um und sah eine riesige Schar von Adlern, Krähen und Geiern, die auf- und niederflogen und den Himmel mit ihrem Krächzen und Pfeifen und dem Geflatter ihrer Flügel erfüllten. Ich ging weiter, da sah ich plötzlich den Kadaver eines Mannes vor mir, der von einem hohen Baum herabhing, dann die Leiche einer nackten Frau inmitten der Steine, mit denen sie gesteinigt worden war, und den enthaupteten, mit Blut und Erde verschmierten Leichnam eines Jünglings.

Ich blieb stehen und das Entsetzen des Anblicks hüllte meinen Geist in einen dichten, dunklen Schleier. Ich schaute nach allen Seiten und sah weit und breit nichts als den schrecklichen Schatten des Todes inmitten der blutverschmierten Kadaver. Ich lauschte und vernahm nichts als das Geheul des Nichts, begleitet vom Krächzen der Geier, die um diese Opfer der menschlichen Gesetze kreisten.

Drei Söhne Adams waren gestern noch im Schoß des Lebens, und heute waren sie in den Griffen des Todes!

Drei Menschen taten Unrecht in den Augen der Menschen, sie übertraten die Gesetze, und das blinde Gesetz streckte seine Hand aus und zermalmte sie grausam!

Drei Menschen handelten widerrechtlich, weil sie schwach waren, und das Gesetz, das stark ist, verurteilte sie deshalb zum Tode!

Ein Mann tötet einen anderen, und die Menschen bezeichnen ihn als Mörder; doch wenn es der Emir ist, der ihn daraufhin töten läßt, nennt man ihn einen gerechten Richter.

Ein Mann versuchte aus einem Kloster Schätze zu plündern, und man nannte ihn einen gemeinen Räuber; doch als der Emir ihm sein Leben raubte, rühmten sie ihn als hervorragenden Herrscher. Eine Frau hat ihren Mann betrogen, und die Menschen nannten sie eine schamlose Ehebrecherin, doch als der Emir sie nackt durch die Stadt führen und steinigen ließ, nannten sie ihn einen ruhmreichen Emir.

Blut zu vergießen ist verboten, aber wer gab dem Emir das Recht dazu? Den Besitz eines anderen zu rauben, ist ein Verbrechen. Wer aber hat aus dem Raub des Lebens eine Tugend gemacht? Die Untreue einer Frau ist zu mißbilligen, wer aber kann es billigen, daß Menschen gesteinigt werden?

Ist es richtig, Böses mit Bösem zu vergelten im Namen der Gerechtigkeit? Kann man Korruption durch größere Korruption bekämpfen und das als Rechtsprechung hinstellen? Ist es gutzuheißen, ein Verbrechen durch ein noch größeres Verbrechen zu bestrafen und zu glauben, daß dies gerechtfertigt sei?

Hat der Emir in der Vergangenheit keinen seiner Feinde getötet? Hat er etwa nicht Geld und Besitztümer seiner machtlosen Untertanen geraubt? Hat er es nicht auch versucht, eine schöne Frau zu verführen? Oder war er unfehlbar, so daß es ihm erlaubt wäre, den Mörder zum Tode zu verurteilen, den Dieb hängen und die Ehebrecherin steinigen zu lassen?

Und wer sind diejenigen, die seine Befehle ausführten; die den Dieb hängten? Waren es Engel, die vom Himmel herabgestiegen sind oder Menschen, die auch stehlen und unterschlagen, was ihnen unter die Hände kommt?

Und wer köpfte den Mörder? Waren es himmlische Propheten oder Soldaten, die selber töten und Blut vergießen, wo sie auftauchen? Und wer steinigte die Ehebrecherin? Waren es Asketen, die aus ihren Einsiedeleien kamen, oder Menschen, die sich selber ehrlos und schamlos betragen – allerdings verborgen hinter dem Schleier der Dunkelheit?

Und das Gesetz? Was ist das Gesetz? Wer sah es mit dem Licht der Sonne aus dem Herzen des Himmels herabsteigen? Welcher Sterbliche blickte in das Herz Gottes und las darin Seinen Willen für die Menschen? In welcher Epoche kamen die Engel zu den Menschen und forderten sie auf: Entzieht den Schwachen das Licht des Lebens! Vernichtet die Gefallenen und schuldig Gewordenen mit scharfem Schwert und zermalmt die Sünder mit eisernen Füßen!

Diese Gedanken bedrängten mich und erbitterten und entrüsteten mein Herz, als ich in meiner Nähe plötzlich das Geräusch von Schritten vernahm. Ich drehte mich um und sah eine junge Frau zwischen den Bäumen hervortreten; sie näherte sich den drei Kadavern, vorsichtig und ängstlich nach allen Seiten blickend. Kaum hatte sie den Kopf des Jünglings gesehen, der auf Geheiß des Emirs geköpft worden war, da weinte und seufzte sie, kniete sich neben ihn hin und umfing ihn mit zitternden Händen; sie begann laut zu klagen, während sie seine lockigen Haare mit ihren Fingerspitzen berührte und aus tiefem Herzen schluchzte und seufzte. Als sie vom Weinen erschöpft war, beeilte sie sich, mit ihren Händen Erde auszuheben, bis sie ein breites Grab gegraben hatte; sie zog den Toten behutsam ins Grab und legte seinen blutverschmierten Kopf zwischen seine Schultern; nachdem sie ihn mit Erde bedeckt hatte, pflanzte sie das Schwert, mit dem man ihn geköpft hatte, auf sein Grab.

Als sie sich zu gehen anschickte, näherte ich mich ihr. Sie erschrak heftig und zitterte vor Angst, als sie mich sah; dann senkte sie den Kopf und heiße Tränen tropften wie Regen aus ihren Augen, und sie sagte seufzend: Klage mich ruhig beim Emir an! Es ist besser für mich zu sterben und demjenigen zu folgen, der mich aus dem Griff der Schande befreite als seinen Leichnam den Geiern, Krähen und wilden Tieren als Nahrung zu überlassen. Ich erwiderte ihr: Hab keine Angst vor mir, du Ärmste! Ich habe vor dir das Los deines Freundes beklagt. Aber wenn du willst, erzähl mir, wie er dich aus den Griffen der Schmach befreit hat?

Und sie berichtete mit erstickender Stimme: Der Befehlshaber des Emirs kam auf unsere Felder, um die Steuern einzuziehen und die Abgaben der Ernte einzusammeln. Als er mich bemerkte, sah er mich mit wollüstigen Blicken an; dann veranschlagte er eine ungewöhnlich hohe Steuer für die Felder meines armen Vaters, eine Summe, die selbst ein Reicher zu zahlen nicht imstande gewesen wäre. Da mein Vater ihm den geforderten Betrag nicht zahlen konnte, ergriff er mich gewaltsam, um mich anstelle des Geldes zum Palast des Emirs zu bringen. Mit heißen Tränen flehte ich um Erbarmen, doch er kannte kein Mitleid; vergeblich beschwor ich ihn beim Leben meines alten Vaters, mich freizulassen. Da rief ich die Männer des Dorfes um Hilfe. Und dieser junge Mann, mein Verlobter, kam und rettete mich aus den grausamen Händen des Befehlshabers; der wurde zornig und wollte ihn umbringen, aber mein Verlobter kam ihm zuvor; er ergriff ein altes Schwert, das an der Mauer hing, und schlug ihn damit nieder. Auf diese Weise verteidigte er sein Leben und meine Ehre. Da er eine stolze Seele hatte, ergriff er nicht die Flucht wie ein verbrecherischer Mörder, sondern blieb neben der Leiche des korrupten Befehlshaber stehen, bis die Soldaten kamen, ihm Handschellen anlegten und ihn ins Gefängnis brachten.

Während sie erzählte, sah sie mich mit Blicken an, die zu Herzen gehen und Mitleid und Anteilnahme wecken; dann wandte sie sich schnell ab und lief weg; das Echo ihrer schmerzbewegten Stimme, begleitet von den Schwingungen des Sephirs, lösten Ergriffenheit und Erschütterung in mir aus.

Nach einer Weile sah ich mich um und erblickte einen Jüngling in der Blüte seines Lebens, der sich den Toten näherte; sein Gesicht verbarg er ängstlich in seinem Umhang. Als er vor der Leiche der Ehebrecherin stand, nahm er seinen Umhang ab und bedeckte damit liebevoll ihre nackten Glieder. Mit Hilfe eines Dolches, den er bei sich trug, begann er, Erde auszuheben; dann hob er die Frau behutsam auf und legte sie in das Grab; und mit jedem Krümchen Erde, mit dem er sie bedeckte, tropfte eine Träne aus seinen Wimpern auf ihr Grab. Als er sein Werk beendet hatte, pflückte er einige Blumen, die dort wuchsen, und legte sie auf das Grab; einige Augenblicke blieb er davor stehen, indem er seinen Kopf beugte und seine Blicke senkte. Als er gehen wollte, hielt ich ihn an und fragte ihn:

Welche Beziehung hast du zu dieser treulosen Frau? Was veranlaßt dich, gegen den Willen des Emirs zu handeln und dein Leben aufs Spiel zu setzen, indem du ihren Körper vor den Raubvögeln des Himmels schützt?

Er sah mich an und seine Augenlider, die vom Weinen und Wachen gezeichnet waren, brachten seine tiefe Trauer und seinen heftigen Schmerz zum Ausdruck. Mit angestrengter und von Seufzern unterbrochener Stimme sagte er: Ich bin jener unglückliche Mann, für den sie gesteinigt wurde. Wir liebten uns seit unserer Kindheit; wir spielten zusammen im Hof zwischen unseren Häusern, und unsere Liebe wuchs mit uns, bis sie zu einem starken Herrn und Gebieter wurde, dem wir mit Herz und Seele dienten.

Eines Tages, als ich mich für kurze Zeit außerhalb der Stadt aufhielt, verheiratete ihr Vater sie gegen ihren Willen mit einem Mann, den sie verabscheute. Als ich bei meiner Rückkehr Nachricht davon bekam, verwandelten sich meine hellen Tage in eine lange dunkle Nacht, und mein Leben wurde ein sinnloser, endloser Kampf.

Ich kämpfte ständig gegen meine Gefühle an und versuchte, die Neigung in meiner Seele zu überwinden, doch meine Seele besiegte mich und führte mich, wie der Sehende den Blinden führt. Heimlich schlich ich mich eines Tages zu meiner Geliebten. Mein äußerster Wunsch war es, das Licht ihrer Augen zu sehen und den Klang ihrer Stimme zu hören. Ich fand sie einsam und allein und damit befaßt, ihr Schicksal zu beklagen und ihre Zukunft zu beweinen. Ich setzte mich zu ihr, und unsere Unterhaltung bestand aus Schweigen, und die Tugend war unsere Verbündete.

Es war kaum eine Stunde vergangen, als plötzlich ihr Mann

eintrat. Als er mich sah, malte sich seine schmutzige Phantasie aus, daß wir ihn hintergangen hätten. Seinen eigenen Verdacht nahm er für bare Münze; er packte seine Frau mit groben Händen am Hals und rief mit lauter Stimme: Kommt und seht die Ehebrecherin mit ihrem Geliebten!

Die Nachbarn eilten herbei, und dann kamen die Soldaten, um sich zu erkundigen, und ihr Mann lieferte sie ihren grausamen Händen aus; sie nahmen sie auf der Stelle mit – mit ihren offenen Haaren und ihrem verschlissenen Kleid. Was mich betrifft, so hat mich keiner angerührt oder mir einen Schaden zugefügt, denn das blinde Gesetz und die korrupten Traditionen bestrafen nur die Frau, wenn sie die Ehe bricht, beim Mann aber üben sie Nachsicht.

Der junge Mann kehrte in die Stadt zurück, sein Gesicht im Gewand bergend; ich aber verweilte und dachte über seinen Bericht nach. Und die Leiche des erhängten Räubers schwankte jedesmal, wenn ein Windzug die Zweige des Baumes bewegte, leicht hin und her, als wollte sie durch ihre Bewegungen die Geister des Himmels um Erbarmen bitten, herabzusteigen und sie auf der Erde auszubreiten neben dem, der für die Ehre fiel, und neben der Märtyrerin der Liebe.

Nach etwa einer Stunde erschien eine hagere, erschöpfte Frau in abgetragenen, ausgeblichenen Kleidern; sie blieb vor dem Erhängten stehen; weinend klopfte sie sich an die Brust; dann kletterte sie auf den Baum und zerbiß den Strick mit ihren Zähnen, so daß der Tote auf die Erde fiel wie ein nasses Kleid. Die Frau kletterte von dem Baum herunter und grub neben den zwei anderen Gräbern ein drittes; darin begrub sie den Toten. Nachdem sie ihn mit Erde bedeckt hatte, nahm sie zwei Stücke Holz, machte aus ihnen ein Kreuz und richtete es über seinem Kopf auf. Und als sie sich umdrehte, um nach Hause zu gehen, hielt ich sie an und fragte: Was hat dich, o Frau, dazu bewogen, hierher zu kommen, um diesen Räuber zu begraben? Sie schaute mich mit ihren schwarzumrandeten, tiefliegenden Augen an, in denen sich die Trauer und das Elend spiegelten, und erwiderte: Er ist mein guter Gemahl, mein liebevoller Gefährte und der Vater meiner Kinder, die schrecklichen Hunger leiden; das Älteste von ihnen ist acht Jahre und das Jüngste ist noch ein Säugling ... Mein Mann war kein Dieb, sondern ein Landarbeiter. Er pflügte, bebaute und bepflanzte die Ländereien des Klosters und holte die Ernte ein; er erhielt dafür von den Mönchen nichts als ein Fladenbrot, das wir am Abend teilten, so daß nicht einmal etwas für den anderen Morgen übrig blieb.

Seit seiner frühen Jugend bewässerte er die Felder des Klosters mit dem Schweiß seiner Stirn; er säte, er bepflanzte die Ländereien mit der Kraft seiner Arme. Als er aber alt und schwach wurde, weil die jahrelange Arbeit ihn erschöpft hatte, und als Krankheiten seinen Körper heimsuchten, da entließen ihn die Mönche mit den Worten: Das Kloster braucht dich nun nicht mehr! Scher dich davon, und wenn deine Jungen größer werden, schicke sie uns, damit sie auf den Feldern deine Stelle einnehmen. Er flehte sie um Erbarmen an im Namen Jesu, aller Heiligen und der Engel des Himmels, doch sie hatten kein Mitleid mit ihm – weder mit ihm noch mit mir noch mit unseren nackten, hungrigen Kindern.

Er ging in die Stadt, um dort nach Arbeit zu suchen, doch er kehrte erfolglos zurück, denn die Bewohner dieser Schlösser stellen nur starke und junge Männer ein. Dann setzte er sich an den Wegrand und bettelte um Almosen, doch die Vorübergehenden gaben ihm nichts, vielmehr schimpften sie, daß träge und arbeitsscheue Menschen kein Almosen verdienten.

Eines Abend quälte uns der Hunger so unsäglich, daß unsere Kinder sich nur noch schwankend fortbewegen konnten und unser Säugling keine Milch aus meinen Brüsten mehr fand; da änderte sich der Gesichtsausdruck meines Mannes jäh; er verließ das Haus im Schutz der Dunkelheit und betrat einen der Keller des Klosters, wo die Mönche die Ernte der Felder speicherten und den Wein der Weingärten aufbewahrten. Er nahm einen Beutel Korn auf seinen Rücken und wollte damit zu uns zurückkehren. Doch kaum war er einige Schritte gegangen, da erwachten die Mönche aus ihrem Schlaf. Sie ergriffen ihn, schlugen und beschimpften ihn, und als der Morgen anbrach, lieferten sie ihn den Soldaten aus, indem sie behaupteten: Dies ist ein frecher Räuber; er kam in der Nacht und wollte die goldenen Gefäße des Klosters stehlen. Die Soldaten brachten ihn ins Gefängnis und dann an den Galgen; mit seinem toten Körper füllten sie die Mägen der Raubvögel, weil er versucht hatte, die Mägen seiner hungernden Kleinen mit dem Überfluß der Ernte zu füllen, die er selber unter Mühen eingebracht hatte, als er noch im Kloster diente.

Nach diesen Worten, bei denen sich die Trauer in ihrem Gesicht in ein Gespenst verwandelte, das nach allen Seiten davonwirbelte wie Rauch, mit dem der Wind spielt, ging diese arme Frau fort.

Ich aber blieb vor den drei Gräbern stehen wie jemand, der die Grabrede halten soll und dessen Zunge vor lauter Schmerz reglos bleibt; so sprachlos war ich, aber meine Tränen ersetzten die Worte.

Ich versuchte nachzudenken, doch ich vermochte es nicht, denn unsere Seele ist wie eine Blume, die sich vor der Dunkelheit verschließt und sich der Sonne öffnet, und sie kann nicht atmen unter den beklemmenden Einbildungen der Nacht.

Ich blieb wie gebannt stehen, und aus der Erde dieser Gräber hallten die Schreie der Ungerechtigkeit, und der Nebel stieg aus den Tälern empor und umgab mich, als wollte er mir Worte eingeben.

Lange stand ich schweigend da – wenn die Menschen die Sprache des Schweigens verstünden, wären sie den Göttern näher als den Raubtieren des Waldes! Ich stand da und seufzte – und wenn die Funken meiner Seufzer die Bäume dieses Waldes berührt hätten, hätten die Bäume ihre Plätze verlassen und wären in Scharen vorgerückt, um mit ihren Zweigen den Emir und seine Soldaten zu erschlagen und mit ihren Stämmen die Mauern des Klosters über den Köpfen seiner Mönche zum Einstürzen zu bringen.

Lange betrachtete ich diese Gräber, und aus meinen Blicken ergoß sich die Bitterkeit der Trauer und die Süße des Mitleids auf sie: auf das Grab des Jünglings, der den Schutz der Ehre einer jungen Frau mit seinem Leben bezahlen mußte, weil er sie aus den Krallen eines reißenden Wolfes errettete; sie aber köpften ihn als Belohnung für seine mutige Tat. Und die junge Frau pflanzte sein Schwert auf die Erde seines Grabes als ein Symbol, das im Angesicht der Sonne vom Lohn der Tapferkeit in einem Staat der Unterdrückung und Unwissenheit berichtet ...
– auf das Grab einer Frau, deren Seele die Liebe berührt hatte, bevor ein anderer ihren Körper gegen ihren Willen in Besitz nahm. Sie wurde gesteinigt, weil ihr Herz sich weigerte, untreu zu sein. Ihr Geliebter hat einen Strauß Feldblumen auf ihr Grab gelegt, damit sie, wenn sie verwelken, vom Schicksal liebender Seelen künden, die inmitten einer Nation leben müssen, die geblendet ist von der Materie und vor Gefühllosigkeit verstummt ...
– und auf das Grab eines armen, unglücklichen Mannes, dessen Kräfte von der Arbeit auf den Feldern des Klosters erschöpft waren und den die Mönche verjagten, um seine Arme durch andere zu ersetzen. Er bat sie um Brot für seine Kinder als Lohn für seine Arbeit und erhielt es nicht. Als der Hunger ihn dazu zwang, sich etwas von der Ernte zurückzuholen, die er im Schweiße seines Angesichts eingebracht hatte, da nahmen sie ihn fest, verhafteten ihn und ließen ihn erhängen. Seine Witwe hat ein Kreuz auf sein Grab gesetzt, damit es in der Stille der Nacht vor den Sternen des Himmels das Unrecht der Mönche bezeuge, die die Lehre des Nazareners gegen Schwerter eintauschten, mit denen sie die Armen und Schwachen köpfen und mit deren scharfen Schneiden sie ihre Körper zerlegen.

In diesem Moment versank die Sonne hinter der Abendröte, als wäre sie müde, die Taten der Menschen mitanzusehen, und verabscheue zutiefst ihre Ungerechtigkeit. Der Abend webte aus den Fäden der Dunkelheit und des Schweigens einen

Schleier, mit dem er die Natur bedeckte. Ich erhob meine Augen und breitete meine Hände über diese Gräber und über ihre Symbole aus und sprach:

Sieh dein Schwert, o Tapferkeit, es ist in der Erde begraben! Sieh deine Blumen, o Liebe, sie werden vom Feuer versengt! Sieh dein Kreuz, Jesus von Nazareth, es ist untergegangen in der Dunkelheit der Nacht!

Das grössere Ich

*D*ie Bedeutung eines
Menschen liegt nicht
in dem, was er erreicht,
sondern in dem, was
er sich zu erreichen
sehnt.
          Kh. Gibran

Die Seele

Der Gott der Götter nahm einen Teil von sich selber und schuf daraus die Schönheit.

Er gab ihr die Zärtlichkeit der Morgenbrise, den Wohlgeruch der Feldblumen und die Sanftheit des Mondlichts.

Dann reichte er ihr den Kelch der Freude und sprach:

„Trink erst daraus, wenn du die Vergangenheit vergessen hast und die Zukunft nicht betrachtest!"

Und als er ihr den Kelch der Trauer reichte, sagte er:

„Wenn du davon trinkst, gelangst du zum Wesen der Freude!"

Und er schenkte ihr die Liebe, die sie mit dem ersten Seufzer der Befriedigung verläßt – und die Anmut, die sich mit dem ersten gesprochenen Wort entfernt.

Er stattete sie aus mit dem Wissen vom Himmel, das sie auf den Weg der Wahrheit führt, und mit Einfühlungsvermögen, damit sie sieht, was das Auge nicht zu sehen vermag.

Auch mit der Fähigkeit der Zuneigung und der Vision betraute er sie.

Dann legte er ihr das Gewand der Sehnsucht an, das die Engel aus den Bahnen des Regenbogens gewebt hatten.

Schließlich schuf er in ihr die Dunkelheit der Verwirrung, den Schatten des Lichtes.

Und Gott nahm Feuer aus den Schmelzöfen des Zornes, Wind aus den Wüsten der Unwissenheit, Sand von den Küsten des Meeres der Eigenliebe und Staub von den Fußsohlen der Zeit, und er schuf daraus den Menschen.

Er gab ihm eine geheimnisvolle Kraft, die im Wahnsinn entbrennt und sich im Verlangen verzehrt. Dann hauchte er das Leben in ihn ein, und das Leben ist der Schatten des Todes.

Und Gott lächelte und weinte. Er empfand eine Liebe, die weder Grenzen noch Hindernisse kennt. Und er vereinte den Menschen mit seiner Seele.

Sieben Stationen

Meine Seele tadelte mich siebenmal.

Das erste Mal, als ich versuchte,
   mich auf Kosten der Erniedrigten zu erhöhen.

Das zweite Mal, als ich vor Lahmen
   zu hinken vorgab.

Das dritte Mal, als ich zwischen Schwerem und
   Leichtem zu wählen hatte – und dem Leichten
   den Vorzug gab.

Das vierte Mal, als ich einen Fehler beging
   und mich mit den Fehlern anderer tröstete.

Das fünfte Mal, als ich Schwäche hinnahm
   und es der Stärke meiner Geduld zuschrieb.

Das sechste Mal, als ich den Saum meines Gewandes hob,
   damit der Staub des Lebens es nicht beschmutzte.

Und das siebte Mal,
   als ich ein Lied zum Lob Gottes anstimmte
   und den Gesang für eine Tugend hielt.

Das Haus des Glückes

Als mein Herz erschöpft war, nahm es Abschied von mir und machte sich auf zum Haus des Glückes.

Nachdem es dieses Heiligtum erreicht hatte, blieb es verwirrt und ratlos stehen, denn es sah dort nicht, was es sich immer vorgestellt hatte.

Es sah weder Macht noch Wohlstand und keinen Herrscher. Es sah nur einen schönen Jüngling, seine Gefährtin, die Tochter der Liebe, und ihr Kind, die Weisheit.

Da wandte sich mein Herz an die Tochter der Liebe und fragte:

„Wo ist die Zufriedenheit, Tochter der Liebe? Ich habe gehört, daß sie dieses Haus mit euch bewohnt."

Sie antwortete: „Die Zufriedenheit ist fortgegangen, um in den Städten zu predigen, wo Korruption und Begierde herrschen. Und wir brauchen sie hier nicht, denn das Glück sucht nicht Zufriedenheit. Das Glück verlangt nach Vereinigung, während die Zufriedenheit die Ablenkung sucht, die vom Vergessen lebt. Die unsterbliche Seele ist nie zufrieden. Sie strebt nach Vollkommenheit, und die Vollkommenheit gibt es in der Unendlichkeit."

Dann sagte mein Herz zum Sohn der Schönheit:

„Zeig mir das Geheimnis der Frau, o Schönheit, und erhelle meinen Verstand mit deiner Erkenntnis!"

Er erwiderte: „Die Frau ist wie du, menschliches Herz, und wie du warst, so war sie. Sie ist auch, wie ich, und wo ich bin, da ist sie. Sie gleicht der Religion, bevor sie von Unwissenden entstellt wurde. Sie ist wie der Vollmond, wenn die Wolken ihn nicht verhüllen, und wie die Brise, bevor der Hauch der Verdorbenheit sie berührte."

Dann wandte sich mein Herz an die Weisheit, die Tochter der Liebe und der Schönheit, und bat:

„Gib mir Weisheit, damit ich sie den Menschen bringe!"

Sie antwortete: „Sag ihnen, daß das Glück im Allerheiligsten der Seele beginnt und nicht von außen kommt!"

Das menschliche Herz

Inmitten eines fruchtbaren Feldes, am Ufer eines kristallklaren Baches sah ich einen Vogelkäfig, der von einer geschickten Hand angefertigt war. In einer Ecke des Käfigs lag ein toter Vogel, und in einer anderen Ecke standen ein leerer Wasserbehälter und ein Behälter ohne Körner.

Ich blieb stehen und lauschte ehrfürchtig, als ob der tote Vogel und das Rauschen des Baches eine verborgene Lehre enthielten, die ich zu entschlüsseln hätte. Ich sah, daß dieser arme Vogel neben einem wasserreichen Bach verdurstet und daß er inmitten eines reichen Feldes, der Wiege des Lebens, verhungert war, so wie ein Reicher, hinter dem die Türen seines Tresors zugefallen sind, inmitten seines Goldes stirbt.

Nach einer Weile sah ich, wie sich der Käfig in ein menschliches Skelett verwandelte und der tote Vogel in ein menschliches Herz, das eine tiefe Wunde hatte, aus der scharlachrotes Blut floß; diese Wunde glich den Lippen einer traurigen Frau.

Auf einmal hörte ich eine Stimme aus der blutenden Wunde sagen:

„Ich bin das menschliche Herz, ein Gefangener der Materie und ein Opfer der Gesetze der Menschen. Inmitten des Feldes der Schönheit und am Ufer der Quellen des Lebens bin ich gefangen im Käfig der Gesetze, die der Mensch geschaffen hat. In der Wiege der Schönheit der Schöpfung und in den Armen der Liebe starb ich vernachlässigt, denn die Früchte jener Schönheit und der Ertrag dieser Liebe waren mir verwehrt. Alles, was ich leidenschaftlich begehrte, war nach Meinung der Menschen Schande; und alles, wonach ich mich sehnte, war nach ihrem Urteil eine Schmach.

Ich bin das menschliche Herz, eingesperrt im Dunkel der Gesetze der Gemeinschaft, so daß ich schwach und kraftlos wurde, gefesselt in den Ketten der Verleumdung, bis ich dem Tode nahe war und unbeachtet liegengelassen in den Winkeln der Verlockungen menschlicher Zivilisation, bis ich starb. Und die Zunge der Menschheit schwieg, ihre Augen blieben trocken, und sie lachte."

Ich hörte diese Worte, die zusammen mit den Blutstropfen aus dem verletzten Herzen hervorströmten. Danach sah und hörte ich nichts mehr, und ich kehrte in meine Wirklichkeit zurück.

Das grössere Ich

Meine Seele ist meine Gefährtin, die mich stärkt, wenn das Unglück der Tage mich zu erdrücken droht, und die mich tröstet, wenn die Schwierigkeiten des Lebens sich mehren. Wer nicht der Freund seiner Seele ist, ist ein Feind des Menschen. Und wer nicht sein eigener Vertrauter ist, stirbt vor Verzweiflung, denn das Leben entspringt im Innern eines Menschen und kommt nicht von dem, was ihn umgibt.

Ich bin in diese Welt gekommen, um ein Wort zu sagen, und ich werde es aussprechen. Doch wenn der Tod mich holt, bevor ich dieses Wort ausgesprochen habe, dann wird es das Morgen verkünden, denn nichts wird verborgen bleiben im Buch der Unendlichkeit.

Ich bin in die Welt gekommen, um im Glanz der Liebe und im Licht der Schönheit zu leben. Und siehe, ich bin lebendig! Die Menschen können mich nicht von meinem Leben trennen. Sollten sie mir mein Augenlicht nehmen, so würde ich den Liedern der Liebe und den Melodien der Schönheit lauschen; sollten sie mir mein Gehör rauben, so würde ich mich an der zärtlichen Berührung der Brise erfreuen, die erfüllt ist von den Seufzern der Liebenden und vom Duft der Schönheit. Und wäre mir auch das verweigert, so würde ich mich mit meiner Seele trösten, denn sie ist die Tochter der Liebe und der Schönheit.

Ich bin in diese Welt gekommen, um für alle und in allen zu sein. Was ich heute in meiner Einsamkeit tue, wird das Morgen

allen offenbaren. Was ich jetzt mit einer Zunge sage, werden in
Zukunft tausend Zungen verkünden.

Mein Schweigen ist eine Hymne

Mein Schweigen ist eine Hymne, mein Hunger
eine Völlerei; mein Durst ist Wasser, und mein
Wachen Trunkenheit.

Mein Kummer ist Hochzeit, meine Entfremdung
Begegnung; mein Inneres enthüllt sich, mein
Äußeres verhüllt sich.

Wie oft beklagte ich meine Sorgen, während mein
Herz sich ihrer rühmte, und wie oft weinte ich,
während mein Mund lachte.

Wie oft wünschte ich mir einen Freund, während
er an meiner Seite war, wie oft erstrebte ich etwas,
während es sich schon in meinem Besitz befand.

Wie oft zerstreute die ausklingende schwarze Nacht
meine Träume, und die Morgendämmerung
sammelte sie wieder ein.

Ich betrachte meinen Körper durch den Spiegel
meiner Ideen, da sah ich ihn als Geist, den das
Denken einengte.

In mir wohnt, der mich erschuf und mein Herz
weit machte; in mir ist der Tod und das Grab, die
Erneuerung und Auferstehung.

Wäre ich nicht lebendig, so wäre ich auch nicht
   sterblich; und ohne das Verlangen meiner Seele,
   hätte das Grab mich nicht begehrt.

Als ich meine Seele fragte, was die Ewigkeit mit
   den Wünschen macht, die wir sammelten, da erwiderte
   sie: Ich bin die Ewigkeit!

AUS DER TIEFE MEINES HERZENS

Aus der Tiefe meines Herzens erhob sich ein Vogel und flog himmelwärts.

Höher und höher schwang er sich empor und wurde dabei zusehends größer.

Zuerst war er so groß wie eine Schwalbe, dann wie eine Lerche, später hatte er die Größe eines Adlers, dann die einer Frühlingswolke, und schließlich füllte er den gesamten gestirnten Himmel.

Aus der Tiefe meines Herzens flog ein Vogel himmelwärts; je höher er flog, um so größer wurde er. Doch er verließ mein Herz nicht.

O mein Glaube, mein ungebändigtes Wissen, wie kann ich mich zu deinen Höhen emporschwingen und mit dir des Menschen größeres Ich entdecken, das in den Himmel geschrieben ist?

Wie kann ich das Meer in mir in Nebel verwandeln, um auf diese Weise mit dir aufzusteigen – in unbegrenzte Räume?

Wie kann jemand, der im Tempel eingeschlossen ist, seine goldenen Türme und Kuppeln sehen?

Wie kann der Kern einer Frucht die ganze Frucht umschließen?

O mein Glaube, ich bin angekettet hinter diesen Stäben aus Silber und Ebenholz, und ich kann nicht mit dir fliegen.

Aber es ist mein Herz, aus dem du kommst und zum Himmel emporsteigst, es ist mein Herz, das dich hält. Und das soll mir genügen.

Sein

Einer der Schüler, der im Tempel gedient hatte, seufzte: „Lehre uns, Meister, daß unsere Worte wie die deinen werden, Lied und Weihrauch für das Volk."

Und Almustafa antwortete und sprach: „Ihr sollt über eure Worte wachsen, doch euer Weg soll bleiben, ein Gleichklang und ein Wohlgeruch; ein Klang für Liebende und Geliebte zugleich und ein Duft für die, die in einem Garten leben möchten.

Ihr sollt über eure Worte wachsen bis zum höchsten Punkt, auf den der Sternennebel fällt, und ihr sollt eure Hände öffnen, bis sie gefüllt sind; dann sollt ihr euch niederlegen und schlafen wie ein weißer junger Vogel in einem weißen Nest, und ihr sollt vom Morgen träumen wie die weißen Veilchen im Frühling.

Ihr sollt auch tiefer als eure Worte dringen. Ihr sollt die verlorenen Quellen der Ströme suchen, und ihr sollt eine verborgene Höhle sein, welche die matten Stimmen der Tiefen, die ihr jetzt nicht einmal hört, widerhallt.

Ihr sollt tiefer als eure Worte und tiefer als alle Klänge zum wahren Herzen der Erde gehen, und dort werdet ihr alleine sein mit Ihm, der auf den Bahnen der Sterne wandelt."

Nach einer Weile bat einer der Schüler: „Meister, sprich zu uns vom *Sein*. Was ist *sein*?"

Und Almustafa blickte ihn lange liebevoll an. Dann erhob er sich und ging hinweg von ihnen. Als er zurückkehrte, sagte er: „In diesem Garten liegen mein Vater und meine Mutter, von den Händen des Lebens begraben; und in diesem Garten liegen die Samenkörner des vergangenen Jahres, von den Schwingen des Windes hierher getragen. Tausend Male werden meine Mutter und mein Vater hier begraben; und tausendmal wird der Wind den Samen begraben; und in tausend Jahren werden ihr und ich und diese Blumen wieder zusammenkommen in diesem Garten, so wie jetzt, und wir werden *sein*, liebendes Leben, und wir werden *sein*, träumend vom Raum, und wir werden *sein* und uns zur Sonne erheben.

Doch heute zu *sein*,

heißt weise sein, wenn auch vertraut mit der Torheit; heißt stark sein, aber nicht zum Schaden des Schwachen; heißt mit den Kindern spielen, aber nicht als ihre Väter, sondern als ihre Kameraden, die ihre Spiele lernen wollen;

heißt, einfach und offen sein mit den Alten und mit ihnen im Schatten betagter Eichen sitzen, auch wenn ihr noch im Frühling steht;

heißt, einen Dichter suchen, auch wenn er hinter sieben Flüssen wohnt, und in seiner Gegenwart Frieden empfinden, nichts wollen, ohne Zweifel sein und ohne Frage auf den Lippen;

heißt wissen, daß der Heilige und der Sündige Zwillingsbrüder sind, deren Vater unser barmherziger König ist, und daß der eine nur kurz vor dem anderen geboren wurde, weshalb wir ihn als Kronprinzen betrachten;

heißt der Schönheit folgen, auch wenn sie zum Rande des Abgrunds führt; und wenn sie Flügel hat, ihr aber ohne Flügel seid, ihr folgen, auch wenn sie über den Abgrund geht, denn wo keine Schönheit ist, da gibt es nichts;

heißt, ein Garten sein ohne Mauern, ein Weinberg ohne Wächter, eine Schatzkammer, immer offen stehend für Besucher;

heißt ausgeraubt, betrogen, enttäuscht, ja sogar irregeführt, in die Falle geraten und dann verspottet sein, trotz alledem aber herabblicken von der Höhe eures größeren Selbst und lächeln im Bewußtsein, daß es einen Frühling gibt, der in euren Garten kommt, um in euren Blättern zu tanzen, und einen Herbst, der eure Trauben reifen läßt;

heißt wissen, daß ihr nur ein Fenster nach Osten öffnen müßt, um niemals allein zu sein, und wissen, daß alle, die für Übeltäter und Räuber gehalten werden, eure Brüder sind, die ihr braucht, und daß ihr selbst all das seid in den Augen der seligen Bewohner der Unsichtbaren Stadt jenseits von uns.

Und nun zu euch, deren Hände all die Dinge formen und finden, die nützlich sind für das Wohlergehen unserer Tage und Nächte: *Sein* heißt, ein Weber sein mit sehenden Fingern; ein Baumeister, der auf Licht und Raum achtet; ein Bauer, der fühlt, wie er mit jedem Samenkorn einen Schatz vergräbt; ein Fischer und ein Jäger mit Erbarmen für den Fisch und das Tier, jedoch mit größerem Erbarmen für den Hunger und die Not der Menschen.

Und ich sage euch: Ich möchte jeden einzelnen von euch als Gefährten haben, zum Nutzen eines jeden; denn nur so könnt ihr hoffen, eure eigenen höheren Ziele zu erreichen.

Meine geliebten Kameraden, seid mutig und nicht sanftmütig; schafft Raum in euch und seid nicht beengt; und bis zu meiner und eurer letzten Stunde versucht, euer größeres Selbst zu sein."

Die Vollkommenheit

Du willst wissen, Bruder, wann der Mensch vollkommen ist. Hör auf meine Antwort!

Der Mensch nähert sich der Vollkommenheit, wenn er sich als der unbegrenzte Weltraum begreift und das grenzenlose Meer, als ein Feuer, das unaufhörlich brennt, und ein Licht, das immer leuchtet. Wenn er sich fühlt wie der Wind, ob er weht oder nicht, wie die Wolken, wenn es blitzt, donnert und regnet, wie die Bäche, mögen sie singen oder seufzen, wie die Bäume, wenn sie im Frühling in Blüte stehen oder sich im Herbst entblättern, wie die himmelragenden Berge und die tiefen Täler und wie die Äcker, ob sie fruchtbar sind oder brachliegen.

Wenn ein Mensch all dies zu empfinden imstande ist, ist er auf halbem Weg zur Vollkommenheit. Will er aber zum Ziel der Vollkommenheit gelangen, so muß er sich gleich einem Kind fühlen, das auf seine Mutter angewiesen ist, gleich einem Greis, der für seine Familie die Verantwortung trägt, gleich einem Jugendlichen, der zwischen seinem Streben und seinen Leidenschaften schwankt, und gleich einem Erwachsenen, der mit seiner Vergangenheit und seiner Zukunft ringt. Er muß einem Betenden gleichen in seiner Einsiedelei, einem Verbrecher in seiner Zelle, einem Gelehrten zwischen seinen Büchern und Papieren, einem Unwissenden zwischen der Finsternis seiner Nächte und dem Dunkel seiner Tage, einer Nonne muß er gleichen zwischen den Blüten ihres Glaubens und den Dornen ihrer Einsamkeit, einer Dirne zwischen ihrer Schwäche und ihrem Begehren, einem Armen in seiner Bitterkeit und Ergebung sowie einem Reichen in seinen Wünschen und seinem Gehorsam und schließlich dem Dichter zwischen dem Nebel seiner Abende und den Strahlen seiner Morgenröte.

Wenn ein Mensch all diese Seinsweisen nachzuempfinden vermag, erreicht er die Vollkommenheit und wird ein Schatten vom Schatten Gottes.

„Die vollkommene Welt"

Gott der verlorenen Seelen, der du verloren bist unter allen Göttern, höre mich!

Gnädiges Schicksal, das über uns irren, wandernden Seelen wacht, höre mich!

Ich lebe inmitten einer vollkommenen Welt, ich, der Allerunvollkommenste.

Ich, ein menschliches Chaos, ein Nebel aus vertauschten Elementen, bewege mich zwischen vollendeten Welten – Menschen mit Recht und Ordnung, mit rechten Gedanken, mit geordneten Träumen, Wunschbildern, die allseits bekannt und aufgezeichnet sind.

Ihre Tugenden, o Gott, sind abgemessen, ihre Sünden abgewogen, und sogar jene zahllosen Dinge im Zwielicht zwischen Tugend und Sünde haben Rang und Ordnung.

Untadelige Gesetze schreiben vor, was bei Tag und Nacht zu tun ist:

Essen, trinken, schlafen, seine Blößen bedecken, und zur rechten Zeit müde zu sein.

Arbeiten, spielen, singen, tanzen, und still dazuliegen, wenn die Stunde schlägt.

Dieses denken, jenes fühlen, und mit denken und fühlen aufzuhören, wenn ein bestimmter Stern am Horizont erscheint.

Lächelnd einen Nachbarn auszurauben, huldvoll zu verschenken, von oben herab zu loben, vorsichtig zu tadeln, mit einem einzigen Wort eine Seele zu vernichten, mit einem Atemstoß einen Körper zu verbrennen, und nach des Tages Arbeit die Hände zu waschen.

Zu lieben, wie sich's gehört, auf vorgeschriebene Art Kurzweil zu treiben, die Götter gebührend zu verehren, die Teufel kunstvoll an der Nase zu führen – und wenn es sein muß, alles zu vergessen, wie wenn die Erinnerung gestorben wäre.

An einer Idee Gefallen zu finden, mit Bedacht zu meditieren, inniglich das Glück zu genießen, vornehm zu leiden – und dann den Becher zu leeren, auf daß der morgige Tag ihn wieder fülle.

All diese Dinge, o Gott, werden mit Voraussicht geplant, zu ihrer Bestimmung in die Welt gesetzt, sorgsam gehegt, nach Regeln regiert, vom Verstand geführt und schließlich, wie es vorgeschrieben ist, geschlachtet und begraben. Und sogar die stillen Gräber in der menschlichen Seele sind gekennzeichnet und gezählt.

Eine vollkommene Welt ist es, eine Welt vollendeter Vortrefflichkeit, eine Welt grenzenloser Wunder, die reifste Frucht in Gottes Garten, der Meister-Gedanke des Universums.

Aber warum, o Gott, muß ich darin leben, ich, ein Samenkorn unausgereifter Leidenschaft, ein irrer Sturm, der nicht nach Ost und nicht nach Westen bläst, ein verhehrter Überrest eines längst verbrannten Planeten?

O Gott der verlorenen Seelen, der du verloren bist unter allen Göttern, warum muß ich hier leben?

An unsere Gegner

Du, der du uns befehdest, wir ließen uns nichts
zuschulden kommen als unsere Träume.

Sie sind Nektar ohne Gläser,
wie können wir sie unseren Tadlern anbieten?

Es sind Meere, deren Flut unser Schweigen
und deren Ebbe die Tinte unserer Federn ist.

❖

Ihr seid Nachbarn des Gestern, wir aber streben
nach einem Tag,

dessen Morgendämmerung noch verborgen ist.

Ihr sucht die Erinnerung und ihre Trugbilder;
wir aber sind auf der Suche nach den Traumbildern
der Hoffnung.

Ihr habt die Erde bis zu den äußersten Grenzen erforscht;
wir haben uns die Weite des Weltraums erwählt.

Tadelt uns ruhig und schmäht uns;
flucht, spottet und macht euch über uns lustig!

Unterdrückt uns und tut uns Unrecht, steinigt und
kreuzigt uns!

Dem Geist in unserem Innern kann man keinen
Schaden zufügen.

Wir sind ein Gestirn, das nicht rückwärts geht,
weder im Licht noch im Schatten.

Und wenn ihr uns für einen Spalt im Äther haltet,
so könnt ihr ihn durch eure Reden doch nicht ausfüllen.

Tod

Möglicherweise ist ein Begräbnis unter Menschen ein Hochzeitsfest unter Engeln.

Kh. Gibran

Vom Tod

Dann sprach Almitra: Wir möchten nun nach dem Tod fragen.
Und er sagte:
Ihr möchtet das Geheimnis des Todes kennenlernen.
Aber wie werdet ihr es finden, wenn ihr es nicht im Herzen des Lebens sucht?
Die Eule, deren Nachtaugen am Tag blind sind, kann das Mysterium des Lichts nicht entschleiern.
Wenn ihr wirklich den Geist des Todes schauen wollt, öffnet eure Herzen weit dem Körper des Lebens.
Denn Leben und Tod sind eins, so wie der Fluß und das Meer eins sind.
In der Tiefe eurer Hoffnungen und Wünsche liegt euer stilles Wissen um das Jenseits;
Und wie Samen, der unter dem Schnee träumt, träumt euer Herz vom Frühling.
Traut den Träumen, denn in ihnen ist das Tor zur Ewigkeit verborgen.
Eure Angst vor dem Tod ist nichts als das Zittern des Hirten, wenn er vor dem König steht, der ihm zur Ehre die Hand auflegen wird.
Freut sich der Hirte unter seinem Zittern nicht, daß er das Zeichen des Königs tragen wird?
Doch gewahrt er sein Zittern nicht viel mehr?
Denn was heißt sterben anderes, als nackt im Wind zu stehen und in der Sonne zu schmelzen?
Und was heißt nicht mehr zu atmen anderes, als den Atem von seinen rastlosen Gezeiten zu befreien, damit er emporsteigt und sich entfaltet und ungehindert Gott suchen kann?

Nur wenn ihr vom Fluß der Stille trinkt, werdet ihr wirklich singen.
Und wenn ihr den Gipfel des Berges erreicht habt, dann werdet ihr anfangen zu steigen.

Und wenn die Erde eure Glieder fordert, dann werdet ihr wahrhaft tanzen.

DIE FEURIGEN BUCHSTABEN

Schreibt auf meinen Grabstein: Hier ruhen die sterblichen Überreste dessen, der seinen Namen mit Wasser geschrieben hat. John Keats

Werden die Nächte so an uns vorbeiziehen? Werden sie von den Schritten der Jahrhunderte zermalmt werden? Werden die Epochen uns überrollen? Und wird von uns nichts bleiben als ein Name, der mit Wasser statt mit Tinte geschrieben ist?

Wird dieses Licht verlöschen, diese Liebe vergehen und diese Sehnsucht verebben? Wird der Tod alles vernichten, was wir aufgebaut haben, und der Wind alles zerstreuen, was wir sagten? Wird die Finsternis alles verbergen, was wir taten?

Ist das unser Leben? Ist es eine Vergangenheit, die vorüber ist und deren Spuren verwischt sind? Ist es eine Gegenwart, die wie die Vergangenheit verläuft? Wird alles vergehen, was unserem Herzen Freude machte oder was es betrübte – ohne daß wir den Sinn erfahren?

Wird der Mensch der Gischt des Meeres gleichen, die einen Augenblick an der Oberfläche erscheint; doch sobald ein Sturm aufkommt, fegt er sie weg, und es ist, als hätte sie nie existiert?

Nein, bei meinem Leben, die Wahrheit des Lebens ist das Leben: ein Leben, das nicht im Mutterschoß beginnt und nicht im Grab endet. Seine Jahre sind Augenblicke ohne Anfang und ohne Ende. Dieses Leben in der Welt ist – mit allem, was es enthält – ein Traum. Das Erwachen aus diesem Traum ist der Tod. Alles, was wir in diesem Traum gesehen und getan haben, hat Bestand in Gott.

Der Sephir birgt jedes Lächeln und jeden Seufzer unseres Herzens und jeden Kuß, den die Liebe gebiert. Die Engel Gottes zählen jede Träne, die wir aus Trauer vergießen. Sie wiederholen in Hörweite der schwebenden Geister des unendlichen Kosmos jedes Lied, das die Freude uns entlockte.

In der zukünftigen Welt werden wir allen Wellenbewegungen unserer Gefühle und jedem Erschauern unseres Herzens wiederbegegnen, und wir werden unsere göttliche Natur erkennen, die wir in unserer Verzagtheit nicht beachtet haben.

Alle Irrtümer, die wir heute als Schwäche abtun, werden uns als Glieder in der Kette unseres Daseins erscheinen, die für die Kontinuität unseres Lebens notwendig waren.

Unsere Mühen, für die wir hier nicht belohnt wurden, werden mit uns überleben und uns zur Ehre gereichen. Und alle Einschränkungen und Schicksalsschläge, die wir geduldig ertragen haben, werden unseres Ruhmes Krone sein.

Hätte Keats gewußt, daß selbst der Gesang der Nachtigall nicht aufhört, im Herzen der Menschen die Schönheitsliebe zu wecken, so hätte er vielmehr gesagt:

Schreibe auf meinen Grabstein: Hier ruhen die sterblichen Überreste dessen, der seinen Namen mit feurigen Buchstaben in den Himmel geschrieben hat.

DIE STADT DER VERGANGENHEIT

Das Leben stand mit mir am Fuße des Berges der Jugend und zeigte auf das, was hinter uns lag. Ich schaute zurück und erblickte eine merkwürdige Stadt im Herzen der Ebene, in der Fantome aus bunten Dämpfen wirbelten, von einem Schleier feinen Nebels verhüllt.

Ich fragte: „Was ist das, o Leben?"

„Das ist die Stadt der Vergangenheit. Schau sie dir gut an!"

Ich betrachtete sie aufmerksam und sah folgendes:

Werkstätten, die sich wie Riesen unter den Flügeln des Schlafes ducken ...

Heiligtümer der Worte, umkreist von Seelen, die vor Verzweiflung schreien oder vor Freude singen ...

Tempel der Religionen, erbaut von der Zuversicht und vom Zweifel zerstört ...

Minarette des Denkens, die in den Himmel ragen wie ausgestreckte Hände, die um Almosen bitten ...

Straßen des Begehrens, die Flüssen gleich durch die Täler fließen ...

Schatzkammern der Geheimnisse, gehütet von der Verschwiegenheit und geplündert von der Neugier ...

Türme des Fortschritts, die der Mut erbaute und die Furcht abriß ...

Paläste der Träume, in den Nächten erbaut und vom Erwachen verwüstet ...

Hütten der Bescheidenheit, welche die Schwachheit bewohnt ...

Nischen der Einsamkeit, wo die Selbstverleugnung zu Hause ist ...

Treffpunkte des Wissens, von der Erkenntnis beleuchtet und vom Unwissen verdunkelt ...

Weinschenken der Liebe, in denen sich Verliebte berauschen, während die Nüchternen sie verspotten ...

Bühnen, auf denen das Leben seine Stücke spielt; dann kommt der Tod und beendet die Tragödien ...

Diese Stadt der Vergangenheit erschien mir fern und nah zugleich, ebenso sichtbar wie unsichtbar.

Und das Leben sagte zu mir, während es weiterging:

„Folge mir! Wir verweilten lange."

Ich fragte: „Wohin, o Leben?"

„Zur Stadt der Zukunft!"

Ich sagte: „Hab Erbarmen mit mir! Der Weg erschöpfte meine Kräfte, und die Steine verwundeten meine Füße."

„Komm!" entgegnete das Leben, „nur der Unwissende blickt zurück zur Stadt der Vergangenheit."

Der Sterbende und der Geier

Warte, warte noch eine Weile,
mein begieriger Freund!
Ich werde noch früh genug
diese schwindende Hülle abwerfen,
dessen übermäßige Agonie
deine Geduld erschöpft.
Ich will deinen redlichen Hunger
nicht zu lange harren lassen
auf das Zerrinnen dieser Augenblicke.

Doch die Kette aus Atemzügen
ist schwer zu zerbrechen,
und der Wille zu sterben,
der stärker ist als alles Starke,
wird noch zurückgehalten
vom Willen zum Leben,
da er schwächer ist als alles Schwache.
Verzeih Gefährte, ich säume zu lange!
Es ist die Erinnerung,
die meinen Geist noch aufhält.

Ein Reigen aus fernen, entfernten Tagen,
die Vision einer im Traum erlebten Jugend,
ein Antlitz, das mir zulächelt,
eine Stimme, die in meinen Ohren nachhallt,
eine Hand, die meine Hand berührt ...
Verzeih, daß ich dich so lange warten ließ!

Es ist nun vorbei, und alles ist entflohen,
das Antlitz, die Stimme, die Hand
und der Durst, der sie erstehen ließ.
Der Knoten ist aufgeknüpft,
und das Band ist zerschnitten.

Komm, nähre dich,
mein hungriger Freund!
Die Tafel ist bereitet!
Wohl ist das Mahl kärglich,
doch wird es mit Liebe dargeboten.

Komm, und stoße deinen Schnabel
hier in die linke Seite!
Befreie aus seinem Käfig
diesen kleinen Vogel,
dessen Flügel sich kaum mehr bewegen.
Ich will, daß er mit dir zusammen
sich in den Himmel erhebt.
Komm, in dieser Nacht
bin ich dein Gastgeber
und du mein willkommener Gast.

IN DER FINSTERNIS DER NACHT
(geschrieben zur Zeit der Hungersnot)

In der Finsternis der Nacht rufen wir einander.

In der Finsternis der Nacht rufen wir um Hilfe, während die Gestalt des Todes mitten unter uns weilt. Ihre schwarzen Schwingen bedecken uns, und ihre furchtbare Hand stößt unsere Seelen in den Abgrund. Aber ihre brennenden Augen sind auf die Morgenröte in der Ferne gerichtet.

In der Finsternis der Nacht zieht der Tod vor uns her, und wir folgen ihm angsterfüllt und weinend. Niemand unter uns vermag es, stehenzubleiben oder den Zug anzuhalten.

In der Finsternis der Nacht zieht der Tod vor uns her, und wir folgen ihm. Jedes Mal, wenn der Tod sich umsieht, fallen Tausende von Seelen auf beide Seiten des Weges. Wer fällt, schläft ein und wacht nicht mehr auf; wer aber nicht fällt, läuft willenlos weiter im Bewußtsein, daß er fallen und einschlafen wird wie diejenigen vor ihm. Und der Tod zieht weiter und blickt auf die Morgenröte in der Ferne.

In der Finsternis der Nacht ruft der Bruder nach seinem Bruder, der Vater nach seinen Söhnen, die Mutter nach ihren Kleinen, und keiner weiß, wie er seinen Hunger stillen soll. Nur der Tod leidet weder Hunger noch Durst; er verschlingt unsere Körper und Seelen; er trinkt unser Blut und unsere Tränen – ohne jemals satt zu werden und seinen Durst zu stillen.

Am Abend ruft das Kind seine Mutter und sagt: „Ich bin hungrig, Mutter!"

Die Mutter erwidert: „Hab ein wenig Geduld, mein Kind!"

Um Mitternacht schreit das Kind: „Ich bin hungrig, Mutter! Gib mir Brot!"

„Mein liebes Kind, ich habe kein Brot!" entgegnet die Mutter.

Am Ende der Nacht kommt der Tod, berührt Mutter und Kind mit seinen Schwingen, und sie fallen beide in tiefen Schlaf. Der Tod aber geht weiter, auf das ferne Morgenrot blickend.

Am Morgen geht ein Bauer aufs Feld auf der Suche nach Nahrung für seine Familie. Doch außer Staub und Steinen findet er nichts. Erschöpft kehrt er um die Mittagszeit zu Frau und Kindern zurück; seine Hände sind leer.

Bei Anbruch der Nacht erscheint der Tod, berührt den Mann, die Frau und die Kinder, die in tiefen Schlaf fallen. Der Tod lächelt und geht weiter, indem er auf das ferne Morgenrot blickt.

Ein anderer Bauer verläßt am Morgen seine Hütte und geht zur Stadt. In seiner Tasche hat er den Schmuck seiner Mutter und seiner Schwester, um ihn gegen Brot einzutauschen. Am Abend kehrt er in sein Dorf zurück – ohne Nahrung und ohne Schmuck. Er findet seine Mutter und ihre beiden Töchter schlafend; ihre offenen Augen starren ins Nichts. Er hebt seine Arme zum Himmel. Da fällt er auf die Erde wie ein Vogel, den ein Jäger abgeschossen hat.

Der Tod lächelt und geht weiter.

In der Finsternis der Nacht – und die Finsternis der Nacht ist ohne Ende – rufen wir euch, die ihr im Lichte des Tages wandelt. Hört ihr unser Rufen?

Wir haben euch die Seelen unserer Toten als Boten geschickt. Habt ihr die Botschaft verstanden?

Wir haben in den Ostwind unseren Atem gehaucht. Hat er eure entfernten Gestade erreicht und seine Fracht euch ausgeliefert?

Habt ihr erfahren, was uns widerfahren ist? Habt ihr versucht, uns zu helfen. Oder habt ihr euch – in Sicherheit wähnend – gesagt: „Diejenigen, die im Licht leben, können nichts tun für die Söhne der Finsternis! Sollen die Toten ihre Toten begraben, und möge der Wille Gottes in Erfüllung gehen!"

Ja, möge der Wille Gottes erfüllt werden! Aber dazu müßt ihr eure Seelen über euch selbst erheben, damit Gott euch zu Werkzeugen seines Willens macht, die uns helfen.

In der Finsternis der Nacht rufen wir einander. Der Bruder ruft nach seinem Bruder, die Mutter nach ihrem Sohn, der Mann nach seiner Frau, der Liebhaber nach seiner Geliebten. Wenn unsere Rufe sich vermischen und in den Raum aufsteigen, dann hält der Tod einen Augenblick an und lächelt spöttisch. Und indem er auf das Morgenrot in der Ferne blickt, geht er weiter.

MEIN VOLK STARB
(geschrieben während der Hungersnot im Libanon)

Meine Angehörigen starben, während ich lebe und sie in meiner Einsamkeit beweine.

Meine Lieben sind tot, und nach ihrem Tod ist mein Leben eine einzige Klage.

Meine Angehörigen und meine Freunde starben. Blut und Tränen überschwemmen die Hügel meines Landes, während ich hier bleibe wie früher, als meine Familie noch unter den Lebenden weilte und die Hügel meines Landes von den Strahlen der Sonne liebkost wurden.

Meine Landsleute starben vor Hunger, und wer nicht verhungerte, kam durch das Schwert um. Ich aber lebe im fernen Land unter zufriedenen Menschen, die sich an guten Mahlzeiten und köstlichen Getränken erfreuen und in weichen Betten schlafen. Sie begrüßen die Tage mit einem Lächeln, und die Tage lächeln zurück.

Meine Angehörigen starben den verächtlichsten Tod, während ich hier in Frieden und Wohlstand lebe. Und das ist eine Tragödie, die sich auf der Bühne meines Herzens abspielt.

Wenn ich Hunger litte unter meinen hungernden Angehörigen und verfolgt wäre inmitten meines verfolgten Volkes, dann wären meine Tage weniger bedrückend und meine Nächte weniger finster. Denn wer mit seiner Familie Leid teilt, fühlt den erhabenen Trost, den das Martyrium hervorbringt. Er kann sich rühmen, stirbt er doch unschuldig mit Unschuldigen!

Ich aber bin nicht bei meinem hungernden und verfolgten Volk, das im Reigen des Todes der Ehre des Martyriums entgegengeht. Ich bin hinter sieben Meeren und lebe im Schatten der Sicherheit. Ich bin weit entfernt von dem Leid und den Leidtragenden, und ich kann auf nichts stolz sein – nicht einmal auf meine Tränen.

Was kann der im fernen Exil Lebende für seine hungernden Angehörigen tun?

Welchen Wert haben die Klagen und Tränen eines Dichters?

Wäre ich doch nur eine Ähre, die auf der Erde meines Landes wächst! Ein hungerndes Kind könnte mich pflücken. Dank meiner Körner könnte es die Hand des Todes von sich abschütteln.

Wäre ich nur eine reife Frucht in den Gärten meines Landes! Eine hungernde Frau würde mich pflücken und essen.

Wäre ich doch ein Vogel am Himmel meines Landes! Ein hungernder Mann würde mich jagen, um mit meinem Fleisch den Schatten des Grabes von sich zu vertreiben.

Doch leider bin ich keine Ähre, die in den Ebenen Syriens wächst, noch eine Frucht von den Tälern des Libanon. Das ist mein Unglück. Es ist mein stummes Leid, das mich vor mir selber und vor den Geistern der Nacht demütigt.

Es ist eine schmerzliche Tragödie, die meine Zunge lähmt, meine Arme fesselt und meinen Willen beugt.

❖

Man sucht mich zu trösten, indem man sagt: „Das Unheil deines Landes ist nur ein Teil des Unheils der Welt; die Tränen und das Blut, die in deinem Land fließen, sind nur Tropfen von den Strömen aus Blut und Tränen, die Tag und Nacht in den Tälern der Welt fließen."

Das stimmt. Doch das Unglück meines Landes ist ein stummes Unglück, es ist ein Verbrechen, das in den Köpfen von Schlangen und Vipern entstand. Wenn meine Landsleute sich aufgelehnt hätten gegen die Despoten, die sie regieren, und als Rebellen gestorben wären, dann könnte ich sagen, daß der Tod für die Freiheit ehrenhafter ist als das Leben im Schatten der Unterdrückung, denn wer die Ewigkeit berührt mit dem Schwert in der Hand, wird ewig leben.

Wenn mein Volk sich am Krieg der Nationen beteiligt und auf dem Schlachtfeld den Tod gefunden hätte, so könnte ich sagen: Es ist der heftige Sturm, der mit seiner Kraft die grünen und die trockenen Zweige zugleich bricht. Und es ist besser, im Sturm umzukommen, als in den Armen des Alters zu versterben.

Und wenn die Erde gebebt und die Trümmer meine Familien und mein Volk verschüttet hätten, so würde ich sagen, daß dies das Wirken unbekannter Gesetze ist, die von Schicksalsmächten aufgestellt werden, und daß es vermessen wäre, diese geheimen Gesetze ergründen zu wollen.

Aber meine Landsleute starben weder als Rebellen, noch wurden sie in einer Schlacht getötet oder durch ein Erdbeben umgebracht. Meine Landsleute starben am Kreuz, während sie ihre Hände hilfesuchend zum Orient und zum Okzident ausspannten und ihre Blicke zum finsteren Himmel erhoben. Sie starben stumm, denn die Menschheit wollte ihre Schreie nicht hören.

Sie starben, weil sie ihre Feinde nicht lieben konnten, wie es die Feiglinge tun, und weil sie diejenigen, die sie lieben, nicht verleugneten.

Sie starben, weil sie keine Rechtsbrecher waren.

Sie starben, weil sie ihre Unterdrücker nicht unterdrückten.

Sie starben, weil sie den Frieden liebten.

Sie verhungerten in einem Land, in dem Milch und Honig fließen.

Sie starben, weil die höllische Viper alles verschlang, was auf ihren Feldern wuchs und was es in ihren Speichern an Vorräten gab.

Sie starben, weil Schlangen die Atmosphäre vergifteten, die einst vom Duft der Zedern und Rosen und des Jasmin erfüllt war.

Meine syrischen Landsleute! Eure und meine Angehörigen sind gestorben. Was können wir tun für diejenigen, die vom Tod noch verschont blieben? Unsere Klagen können sie nicht sättigen und unsere Tränen werden ihren Durst nicht stillen. Was können wir tun, um sie zu retten vor Hunger und Verzweiflung?

Können wir unentschieden verharren?

Können wir in unserer Trägheit diese schreckliche Tragödie verdrängen und zur Tagesordnung übergehen?

Die Menschenfreundlichkeit verlangt von dir, mein syrischer Bruder, daß du etwas von deinem Leben demjenigen gibst, der nahe daran ist, das seine zu verlieren. Nur so bist du würdig, dich zu erfreuen am Licht des Tages und am Frieden der Nacht.

Die Münze, die du in die ausgestreckte Hand des Hungernden legst, ist wie ein goldener Ring, der dein menschliches Herz mit dem Göttlichen verbindet.

Jenseits des Schleiers

Um Mitternacht öffnete Rachel ihre Augen und starrte auf die Zimmerdecke; dann schloß sie sie wieder, und mit einer Stimme, die einem Windhauch glich, sagte sie: „Der Morgen hat schon das Tal erreicht. Laßt uns ihm entgegengehen!"

Nach einer Weile näherte sich der Priester ihrem Lager, berührte ihre Hände und stellte fest, daß sie kalt waren wie Eis; dann legte er seine Hand auf ihr Herz und bemerkte, daß es stumm war wie vergangene Zeiten. Er senkte seinen Kopf, und seine Lippen bebten, als ob er ein Zauberwort sprechen wollte, das die Geister der Nacht in jenem entfernten, verlassenen Tal wiederholen könnten. Dann kreuzte er die Arme der Toten auf ihrer Brust und blickte zu dem Mann, der in einer dunklen Ecke des Zimmers saß. Mit einer Stimme voller Anteilnahme und Sympathie sagte er zu ihm: „Deine Frau ist zu ihrem Schöpfer zurückgekehrt. Steh auf, Bruder, knie dich an meine Seite, und laß uns zusammen beten!"

Der Mann hob den Kopf; seine Augen weiteten sich, als hätte er im Zimmer den Schatten eines unbekannten Gottes gesehen. Dann erhob er sich, näherte sich langsam dem Lager seiner Frau, kniete sich neben dem Priester nieder und begann zu schluchzen, während er sich von Zeit zu Zeit bekreuzigte.

Der Priester stand auf, legte seine Hand auf die Schulter des Mannes und forderte ihn auf: „Geh nun in dein Zimmer, Bruder, denn du brauchst Schlaf und Ruhe!"

Der Mann widersprach nicht. Er stand auf, ging in das gegenüberliegende Zimmer und ließ sich auf das Bett fallen, erschöpft von Kummer und langem Wachen. Es dauerte nicht eine Minute, da schlief er so fest wie ein Kind in den Armen seiner Mutter.

❖

Doch der Priester stand wie eine Statue im Sterbezimmer und sah mit tränenfeuchten Augen auf die junge Tote, dann wandte er seine Blicke zu ihrem Mann, der im Nebenzimmer schlief.

So verging eine Stunde, die ihm länger erschien als ein Zeitalter und schrecklicher als der Tod; eine Stunde, in der er zwischen einem Mann und einer Frau stand, die beide schliefen: einem Mann, der den Schlaf eines Feldes schlief, das vom Frühling träumt, und einer Frau, die mit ihrer Vergangenheit schlief und den Traum der Ewigkeit träumte.

Da näherte sich der Priester der Toten und kniete vor ihrem Lager nieder wie vor einem Altar. Er nahm ihre kalte Hand und führte sie an seine zitternden Lippen. Er betrachtete ihr vom Schleier des Todes verhülltes Gesicht und sprach mit einer Stimme, die ruhig war wie die Nacht, tief wie das Meer und zitternd wie die Hoffnung des Menschen:

„O Rachel, Rachel, Schwester meiner Seele! Hör zu, Rachel, denn nun kann ich reden! Der Tod hat meine Lippen geöffnet, damit ich dir ein Geheimnis enthülle, das tiefer ist als der Tod. Das Leiden hat meine Zunge gelöst, damit ich dir etwas gestehe, was stärker ist als das Leid. Hör den Schrei meiner Seele, o Seele, die jetzt zwischen Erde und Himmel in der Unendlichkeit schwebt! Hör den jungen Mann, der dich von den Feldern zurückkehren sah, und der sich vor dir hinter den Bäumen verbarg, weil die Schönheit deines Gesichts ihm Furcht einjagte. Hör den Priester, der Gott dient! Er ruft dich jetzt ohne Furcht, denn du hast die Stadt Gottes schon erreicht."

Er flüsterte diese Worte, dann beugte er sich über die Tote und küßte ihre Stirn, ihre Augen und ihren Hals mit heißen, stummen Küssen, die enthüllten, was in seiner Seele an Geheimnissen der Liebe und des Leidens verborgen war.

Dann hielt er plötzlich inne, ging zurück und warf sich auf die Erde. Er zitterte wie Blätter im Herbstwind, als ob die Berührung des eiskalten Gesichts der Frau in seinem Herzen ein Gefühl der Reue geweckt hätte. Er kniete sich nieder, verbarg sein Gesicht in seinen Händen und flüsterte:

„Vergib mir meine Schuld, o Herr! Verzeih meine Schwäche, Allah, denn ich vermochte nicht, bis zum Ende standhaft zu bleiben. Das Geheimnis, welches das Leben sieben Jahre lang in meinem Innern verborgen hielt, hat der Tod in einem Augenblick enthüllt. Verzeih mir, Allah! Verzeih meine Schwäche, o Herr!"

Seufzend und betend verharrte er so, indem er seinen Kopf gesenkt hielt und es vermied, die junge Tote noch einmal anzusehen, aus Furcht davor, sein Geheimnis erneut preiszugeben.

Und so fand ihn der anbrechende Morgen, der seinen rosenfarbenen Mantel über jene Gestalten ausbreitete, welche die Liebe und Religion, das Leben und den Tod darstellten.

In der Stadt der Toten

Gestern entzog ich mich dem Lärm der Stadt und wanderte hinaus durch die stillen Fluren, bis ich einen Hügel erreichte, den die Natur mit dem schönsten Gewand geschmückt hatte. Dort hielt ich an und blickte auf die Stadt mit ihren hochragenden Gebäuden und prächtigen Palästen unter einer dichten Wolke von Rauch, der aus den Fabriken kam.

Ich setzte mich hin, und aus der Entfernung dachte ich nach über das Tun des Menschen. Ich kam zu dem Ergebnis, daß Mühen und Plagen den größten Teil seines Lebens ausmachten. Dann wandte ich meine Gedanken vom Menschen ab und richtete meinen Blick auf die Felder, dem Throne Gottes. In der Ferne entdeckte ich einen kleinen Friedhof mit Marmorgräbern, der von Zypressen umgeben war.

Da saß ich nun zwischen der Stadt der Lebenden und der Stadt der Toten und machte mir Gedanken über das rastlose Tun und den ständigen Kampf in der einen und über die ungestörte Ruhe in der anderen Stadt. Auf einer Seite Hoffnung und Verzweiflung, Liebe und Haß, Reichtum und Armut, Glaube und Ablehnung, auf der anderen Seite Staub im Staub. Und die Natur macht das Verborgene sichtbar. Im Schweigen der Nacht verwandelt sie es in Pflanzen, dann in Tiere.

Während ich noch darüber nachdachte, erblickte ich eine Menschenmenge, die sich gemessenen Schrittes vorwärtsbewegte. Vor ihnen zog eine Musikkapelle, die die Atmosphäre mit getragener Musik erfüllte. Ihr folgten die Mächtigen und Angesehenen der Stadt. Offenbar die Beerdigung eines Reichen. Dem Sarg des Toten folgten die Lebenden weinend und klagend.

Die Prozession erreichte die Grabstätte. Die Priester traten hervor und beteten, indem sie ihre Weihrauchfässer schwenkten. Die Musiker standen abseits und bliesen in ihre Hörner. Dann traten die Grabredner vor und hielten Trauerreden. Zuletzt huldigten die Dichter dem Verstorbenen mit wohlgesetzten Worten. Alles vollzog sich ruhig und würdevoll. Nach einer Weile entfernte sich die Menge von dem Grab, dem sich die Totengräber näherten. Um die Grabstätte herum lagen prachtvolle Blumenkränze, die geschickte Hände angefertigt hatten.

Die Menschen kehrten zur Stadt zurück, und ich betrachtete sie nachdenklich aus der Ferne. Die Sonne näherte sich dem Untergang, und die Schatten der Felsen und Bäume wurden länger. Die Natur war damit beschäftigt, ihr Kleid aus Licht abzulegen.

In diesem Augenblick sah ich zwei Männer, die einen Holzsarg trugen. Hinter ihnen ging eine Frau in einem abgetragenen Kleid, die einen Säugling auf ihrer Schulter trug. Neben ihnen lief ein Hund her, der mal auf sie, mal auf den Sarg schaute. Das war das Begräbnis eines Armen. Ihm folgten eine Frau, die Tränen der Trauer vergießt, ein Kind, das weint, weil seine Mutter weint, und ein treuer Hund, der verzweifelt neben ihnen läuft.

Sie erreichten die Grabstätte und versenkten den Sarg in eine kleine Grube in einer entlegenen Ecke des Friedhofs – weit entfernt von den prächtigen Marmorgräbern. Dann gingen sie still zurück. Der Hund schaute noch ab und zu zum Platz, wo man seinen Freund zurückgelassen hatte, bis sie hinter Bäumen verschwanden.

Ich betrachtete die Stadt der Lebenden und sagte mir:

„Diese ist für die Reichen und Mächtigen!"

Dann schaute ich auf die Stadt der Toten und dachte:

„Auch jene ist für die Reichen und Mächtigen!

Wo ist die Heimat der Armen und Schwachen, o Herr?"

Während ich diese Frage stellte, blickte ich auf die Wolken am Himmel, deren Ränder von den Strahlen der Sonne golden gefärbt waren, und ich hörte eine Stimme in meinem Innern antworten:

„Dort!"

Tod

Nun war es Nacht geworden.

Almustafa hatte die Hügel erreicht. Sein Schritt hatte ihn zum Nebel geführt, und er stand, vor allem verborgen, inmitten der Felsen und weißen Zypressen; und er sprach:

„O Nebel, meine Schwester, weißer Atem, noch nicht in einer Form gefangen,
 Ich kehre zu dir zurück als weißer Atem und ohne Stimme,
 Als noch nicht ausgesproch'nes Wort.

O Nebel, meine beflügelte Schwester, nun sind wir vereint,
 Und wir werden zusammenbleiben bis zum nächsten Tag des Lebens,
 Dessen Morgendämmerung dich als Tautropfen in einen Garten legt
 Und mich als Kind an die Brust einer Frau,
 Und wir werden uns erinnern.

O Nebel, meine Schwester, ich kehre zurück, als Herz, das in seine Tiefen horcht,
 Wie auch dein Herz;
 Ein Wunsch, bebend und ohne Ziel, wie der deine,
 Ein Gedanke, noch nicht gesammelt, wie der deine.

O Nebel, meine Schwester. Erstgebor'ne meiner Mutter,
 Meine Hände halten noch die grünen Samen, die zu verstreuen du mich batest,
 Und meine Lippen sind versiegelt von dem Lied,
 das zu singen du mich hießest;
 Ich bringe keine Frucht und keinen Widerhall,
 Denn meine Hände waren blind und meine Lippen ohn' Ertrag.

O Nebel, meine Schwester, wie liebte ich die Welt, und wie liebte sie mich wieder,
 Denn all mein Lächeln lag auf ihren Lippen, und ihre Träne stand in meinem Auge;
 Doch gab es eine Kluft der Stille zwischen uns, die sie nicht überbrücken
 Und ich nicht überschreiten konnte.

O Nebel, meine Schwester, meine Schwester Nebel, ohne Tod,
 Einst sang ich alte Lieder meinen kleinen Kindern,
 Und sie hörten zu, Bewunderung auf ihrem Antlitz;
 Doch morgen werden sie das Lied vielleicht vergessen,
 Und ich weiß nicht, zu wem der Wind es tragen wird.
 Obwohl es nicht das meine war, so kam es doch zu meinem Herzen
 Und lag für einen Augenblick auf meinen Lippen.

O Nebel, meine Schwester, auch wenn alles dies vergeht,
 Bin ich im Frieden

Es genügte mir, für die zu singen, die geboren sind;
Und wenn das Lied auch nicht das meine ist,
Entspringt es meines Herzens tiefstem Wunsch.

O Nebel, meine Schwester Nebel,
 Nun bin ich eins mit dir.
 Nicht länger mehr bin ich mein Selbst.
 Die Mauern sind gestürzt, die Ketten sind zerbrochen.
 Zu dir steig' ich – ein Nebel selbst – empor,
 Wir werden auf dem Meere treiben bis zum nächsten Tag des Lebens,
 Wenn die Morgendämmerung dich als Tautropfen in einen Garten legt und mich als Kind an die Brust einer Frau."

Religion

*E*inmal, alle 100 Jahre,
trifft Jesus von Nazareth
den Jesus der Christen
in einem Garten zwischen
den Hügeln des Libanon.
Und sie sprechen lange;
und jedesmal geht Jesus
von Nazareth fort, indem
er zum Jesus der Christen
sagt: Mein Freund, ich
fürchte, wir werden niemals,
niemals übereinstimmen.

                      Kh. Gibran

Gott

Als vor Zeiten der erste bebende Laut über meine Lippen drang, erklomm ich den heiligen Berg und sprach zu Gott. Und ich sagte: „Herr, ich bin dein Diener. Dein geheimer Wille ist mein Gesetz, und ich folge dir immerdar."

Aber Gott antwortete nicht. Er entschwand einem mächtigen Sturme gleich.

Und nach tausend Jahren erklomm ich den heiligen Berg, und wieder sprach ich zu Gott. Und ich sagte: „Schöpfer, ich bin dein Geschöpf. Aus Ton hast du mich geformt, und was ich bin und habe, schulde ich dir."

Aber Gott antwortete nicht. Er entschwand tausend eiligen Flügeln gleich.

Und nach tausend Jahren erklomm ich den heiligen Berg, und wieder sprach ich zu Gott. Und ich sagte: „Vater, ich bin dein Sohn. Aus Liebe und Erbarmen hast du mich gezeugt, und in Liebe und Ehrerbietung will ich dein Königreich erben."

Aber Gott antwortete nicht. Er verschwand wie Dunst in der Ferne.

Und nach tausend Jahren erklomm ich den heiligen Berg, und wieder sprach ich zu Gott. Und ich sagte: „Mein Gott, mein Ziel und meine Erfüllung. Ich bin dein Gestern, und du bist mein Morgen. Ich bin deine Wurzel in der Erde, du bist meine Blüte am Firmament, und gemeinsam wachsen wir vor dem Antlitz der Sonne."

Da neigte sich Gott hernieder und flüsterte süße Worte in mein Ohr. Und wie der See das Bächlein umfängt, das in ihn mündet, so umfing er mich.

Und als ich in die Weiten und Täler hinabstieg, war Gott auch dort.

DER GEKREUZIGTE JESUS
(am Karfreitag geschrieben)

Heute – wie am Karfreitag jeden Jahres – erwacht die Menschheit aus tiefem Schlaf; sie steht vor den Fantomen vergangener Zeiten und blickt mit tränenfeuchten Augen zum Berg Golgotha, um Jesus von Nazareth zu sehen, der dort am Kreuzesholz hängt ... Doch wenn die Sonne über den Ereignissen des Tages untergeht, kehrt die Menschheit zu ihren Idolen zurück, die auf den Gipfeln jedes Hügels und am Fuße jedes Berges aufgerichtet sind und betet sie kniend an.

Heute wenden sich die Christen aus allen Teilen der Welt nach Jerusalem. Sie klopfen an ihre Brust und blicken auf eine mit Dornen gekrönte Gestalt, die ihre Arme vor der Unendlichkeit ausbreitet und vom Tal des Todes aus die Tiefen des Lebens betrachtet ... Doch kaum ist der Vorhang der Nacht auf die Bühne des Tages gefallen, da legen die Christen sich im Schatten des Vergessens schlafen und schlüpfen unter die Decke der Unwissenheit und Trägheit.

An diesem Tag verlassen die Philosophen alljährlich ihre dunklen Höhlen, die Denker ihre kalten Einsiedeleien und die Dichter die Weiden ihrer Fantasie, und sie begeben sich auf einen hohen Berg und lauschen schweigend der Stimme eines Jünglings, der zu seinen Mördern sagt:

„Vater, vergib ihnen, denn sie wissen nicht, was sie tun!"

Doch kaum hat die Stille die Stimmen des Lichtes verstummen lassen, da hüllen die Philosophen, die Denker und Dichter ihre Seelen wieder in das Leichentuch ein, das aus Seiten alter Folianten besteht.

Und die Frauen, die gewöhnlich den Freuden des Lebens zugetan sind und sich gerne dem Verschönern und Schmücken ihrer Umgebung widmen, sie verlassen heute ihre Häuser, um die Frau zu sehen, die trauernd vor dem Kreuz steht, zitternd wie ein biegsamer Baum vor den Windstürmen. Sie nähern sich ihr, um ihre tiefen Seufzer und ihre schmerzliche Klage zu hören.

Und die Jünglinge und jungen Mädchen, die mit dem Strom der Zeit zu unbekannten Zielen schwimmen, halten heute einen Moment inne und schauen auf die junge Magdalena, die mit ihren Tränen die Blutstropfen von den Füßen eines Mannes wäscht, der zwischen Erde und Himmel schwebt ... Doch wenn sich ihre Blicke an diesem Schauspiel sattgesehen haben, dann drehen sie sich um und laufen lachend weiter.

Wie am Karfreitag jeden Jahres erwacht die Menschheit mit dem Erwachen der Natur im Frühling und beweint die Schmerzen des Nazaräers, doch dann schließt sie ihre Augenlider wieder und fällt erneut in tiefen Schlaf. Der Frühling aber bleibt wach; lachend läuft er weiter, bis er zum Sommer wird mit goldenen Gewändern und duftenden Schleppen.

Die Menschheit ist eine Frau, die sich am Beklagen und Beweinen der Helden ergötzt. Wäre sie ein Mann, dann erfreute sie sich an ihrer Größe und an ihrem Ruhm.

Die Menschheit ist ein kleines Mädchen, das neben einem toten Vogel steht und schluchzt; das Mädchen fürchtet sich vor dem schrecklichen Sturm, der auf seinem Weg die toten Zweige knickt und alles Verwesende kraftvoll wegfegt.

Die Menschheit sieht Jesus von Nazareth, wie er armselig geboren wurde, im Elend lebte, wie alle Schwachen verachtet war und schließlich als Verbrecher gekreuzigt wurde; darum beweint und beklagt sie ihn; und das ist alles, was sie tut, um ihn zu ehren.

Seit 19 Jahrhunderten betet die Menschheit in der Person Jesu die Schwachheit an. Jesus aber war stark; doch sie verstehen die wirkliche Stärke nicht.

Jesus lebte weder in Furcht und Elend noch starb er, indem er sich über seine Schmerzen beklagte. Jesus lebte als Rebell, wurde als solcher gekreuzigt und starb als Rebell.

Jesus war kein Vogel mit gebrochenen Flügeln, sondern ein gewaltiger Sturm, der alle gekrümmten Flügel bricht, wenn er sich erhebt.

Jesus kam nicht aus der blauen Abenddämmerung, um das

Leid zum Symbol des Lebens zu machen, vielmehr kam er, um aus dem Leben ein Symbol der Wahrheit und der Freiheit zu machen.

Jesus hatte keine Angst vor seinen Verfolgern und fürchtete seine Feinde nicht. Seine Mörder konnten ihm keinen Schmerz zufügen. Frei blickte er in alle Augen, die sich auf ihn richteten, und mutig trat er aller Unterdrückung und Tyrannei entgegen. Er sah die häßlichen Geschwüre der Menschheit und heilte sie; er hörte das Böse reden und brachte es zum Schweigen, und er stellte die Heuchelei bloß.

Jesus ist nicht herabgestiegen aus dem höchsten Lichtkreis, um Häuser abzureißen und aus ihren Steinen Klöster und Kirchen zu bauen oder um starke Männer zu motivieren, Priester und Mönche zu werden; er kam, um einen neuen, starken Geist in diese Welt zu senden, der imstande ist, die Throne zu stürzen, die auf Totenschädeln errichtet wurden und die Schlösser zu zerstören, die auf Gräbern gebaut wurden und die Götzen zu entmachten, welche die Armen und Schwachen ausbeuten.

Jesus ist nicht in diese Welt gekommen, um die Menschen zu lehren, hochaufragende Kirchen und gewaltige Tempel neben kleinen Hütten und engen Häusern zu errichten, sondern er kam, um die Herzen der Menschen zu Tempeln zu machen, ihre Seelen zu einem Altar und ihren Geist zum Priester.

Das ist es, was Jesus von Nazareth tat, und das sind die Prinzipien, für die er sich kreuzigen ließ. Wenn die Menschen weise wären, so wären sie am heutigen Tag glücklich und froh, und sie würden Hymnen der Freude und des Sieges anstimmen.

Du, mächtiger Gekreuzigter, der du von der Höhe Golgothas aus den Reigen der Jahrhunderte betrachtest, den Lärm der Nationen hörst und die Träume der Ewigkeit vernimmst, während du blutbefleckt am Holz des Kreuzes hängst, du bist erhabener und würdiger als tausend Könige auf tausend Thronen in tausend Königreichen. Du bist zwischen deiner Agonie und deinem Tod mächtiger als tausend Heerführer in tausend Armeen auf tausend Schlachtfeldern.

Du bist in deiner Betrübnis heiterer als der Frühling mit seinen Blumen, du bist mit deinen Schmerzen sanfter als die Engel im Himmel, und zwischen deinen Henkern bist du freier als das Sonnenlicht.

Die Dornenkrone auf deinem Kopf ist ehrenvoller und prächtiger als die Krone von Bahram, der Nagel in deiner Handfläche ist kostbarer als das Szepter Jupiters, und die Blutstropfen auf deinen Füßen leuchten strahlender als die Rubine Astartes!

Verzeih den Schwachen, die dich beweinen! Sie wissen nicht, daß sie über sich selbst weinen sollten. Verzeih ihnen, denn sie wissen nicht, daß du durch deinen Tod den Tod besiegt hast, und daß du denjenigen, die in den Gräbern lagen, durch deinen Tod das Leben geschenkt hast.

Vom Beten

Dann sagte eine Priesterin: Sprich uns vom Beten.

Und er antwortete und sagte:

Ihr betet in eurer Not und Pein; würdet ihr doch auch in der Fülle eurer Freude und in den Tagen des Überflusses beten.

Denn was ist das Gebet anderes als die Entfaltung eurer selbst in den lebendigen Äther hinein?

Und wenn es zu eurem Trost ist, das Finstere in euch in den Raum zu ergießen, ist es auch zu eurer Freude, die Morgenröte eures Herzens darin zu verströmen.

Und wenn ihr nichts anderes könnt als weinen, wenn eure Seele euch zum Beten aufruft, sollte sie euch trotz des Weinens immer und immer wieder dazu anspornen, bis ihr lacht.

Wenn ihr betet, erhebt ihr euch und trefft in den Lüften jene, die zur selben Stunde beten und denen ihr nur im Gebet begegnen könnt.

Daher soll euer Besuch in diesem unsichtbaren Tempel nur der Verzückung und süßen Kommunion dienen.

Denn wenn ihr den Tempel aus keinem anderen Grund betreten solltet als zu bitten, werdet ihr nicht empfangen:

Und wenn ihr ihn betreten solltet, um euch zu erniedrigen, werdet ihr nicht erhöht:

Oder sogar wenn ihr ihn betreten solltet, um zum Wohl anderer zu bitten, werdet ihr nicht erhört.

Es ist genug, daß ihr den unsichtbaren Tempel betretet.

Ich kann euch nicht lehren, wie man in Worten betet.

Gott hört nicht auf eure Worte, außer wenn Er selber sie durch eure Lippen ausspricht.

Und ich kann euch nicht das Gebet der Meere und der Wälder und der Berge lehren.

Aber ihr, die ihr aus den Bergen und den Wäldern und den Meeren geboren seid, könnt ihr Gebet in eurem Herzen finden.

Und wenn ihr nur in der Stille der Nacht hinhört, werdet ihr sie schweigend sagen hören:

„Unser Gott, der du bist unser geflügeltes Ich, es ist dein Wille in uns, der will.

Es ist dein Wunsch in uns, der wünscht.

Es ist dein Drängen in uns, das unsere Nächte, die dein sind, in Tage verwandelt, die auch dein sind.

Wir können dich um nichts bitten, denn du kennst unsere Bedürfnisse, ehe sie in uns geboren werden; dich brauchen wir; und indem du uns mehr von dir gibst, gibst du uns alles."

Maria Magdalena:
Von ihrer ersten Begegnung mit Jesus

Es war im Monat Juni, als ich Ihn zum ersten Mal sah. Er durchquerte die Kornfelder, als ich mit meinen jungen Begleiterinnen Seinen Weg kreuzte. Er war alleine.

Der Rhythmus Seiner Schritte war nicht wie der anderer Menschen, und die Bewegungen Seines Körpers glichen in nichts denen, die ich bereits gesehen hatte. Menschen schreiten nicht in dieser Weise über die Erde. Und jetzt kann ich nicht einmal sagen, ob er schnell oder langsam ging.

Meine Begleiterinnen deuteten mit dem Finger auf Ihn und unterhielten sich flüsternd über Ihn. Ich hielt meine Schritte an und hob die Hand, um Ihn zu grüßen. Aber Er wandte mir Sein Gesicht nicht zu und erwiderte meinen Gruß nicht. Da haßte ich ihn, denn ich fühlte mich zurückgewiesen und ohne Schutz. Mir war kalt, als ob ich aus einem Bad im Schnee käme, und ich zitterte.

Jene Nacht sah ich Ihn im Traum, und man berichtete mir am Morgen, daß ich im Schlaf geschrien und mich auf meinem Lager hin- und hergeworfen hätte.

Im August sah ich Ihn wieder, und zwar durch das Fenster meines Zimmers. Er saß im Schatten der Zypresse in meinem Garten: aufrecht saß Er und unbewegt, als ob man Ihn in Stein gehauen hätte wie die Statuen Antiochiens oder anderer Städte des Nordens.

Meine ägyptische Sklavin kam und sagte: Dieser Mann ist wieder da. Er sitzt in eurem Garten. Ich betrachtete Ihn durchs Fenster, und meine Seele zitterte, denn Er war schön. Sein Körper war makellos, und jeder Körperteil schien in jeden anderen Teil Seines Körpers verliebt zu sein.

Da legte ich meine damaszenischen Gewänder an, verließ mein Haus und näherte mich Ihm.

War es meine Einsamkeit oder Sein Wohlgeruch, die mich so nach Ihm hinzogen? War es der Hunger in meinen Augen, die sich nach Schönheit sehnten, oder war es Seine Schönheit, die meine Augen suchten? Bis jetzt weiß ich es nicht.

Ich näherte mich Ihm mit meinem parfümierten Gewand und meinen goldenen Sandalen, den Sandalen, die der römische Hauptmann mir geschenkt hatte ... ja, mit diesen Sandalen.

Als ich ganz in Seiner Nähe war, sagte ich zu Ihm: Der Friede sei mit Dir! Und Er antwortete mir: Der Friede sei mit

Dir, Miriam! Er blickte mich an mit Seinen Augen der Nacht, wie kein Mann mich je angeschaut hatte. Ich fühlte mich plötzlich wie nackt und schämte mich. Und dabei hatte Er nur gesagt: Der Friede sei mit Dir, Miriam!

Ich fragte ihn: Willst du nicht in mein Haus eintreten: und Er antwortete: Bin ich nicht in Deinem Haus? Damals verstand ich nicht, was Er sagen wollte, aber jetzt verstehe ich.

Wieder lud ich Ihn ein: Willst du nicht Wein und Brot mit mir teilen? Er erwiderte: Doch, Miriam, aber nicht jetzt. „Nicht jetzt", sagte Er, und die Stimme des Meeres war in diesen beiden Worten, und die Stimme der Winde und der Bäume. Und als Er sie an mich richtete, sprach das Leben zum Tod.

Denn wisse, mein Freund, ich war tot. Ich war eine Frau, die sich von ihrer Seele getrennt hatte. Ich lebte getrennt von diesem „ich", das du jetzt vor dir siehst. Ich gehörte allen Männern und keinem. Man nannte mich eine Dirne und eine Frau, die von sieben Dämonen besessen ist. Ich wurde verflucht und beneidet.

Aber als Seine Augen der Morgenröte in meine Augen blickten, wurden alle Sterne meiner Nacht überstrahlt, und ich wurde Miriam, einfach Miriam, eine Frau, die für die Welt verloren war, die sie gekannt hatte, und die sich auf einer neuen Erde wiederfand.

Ich sagte zu ihm: Tritt ein in mein Haus und teile mit mir Brot und Wein! Er fragte mich: Warum lädst du mich ein, dein Gast zu sein? Ich aber bat ihn nur: Komm in mein Haus! Und alles, was vom Himmel und von der Erde in mir war, schrie nach Ihm.

Er schaute mich an, und der Mittag Seiner Augen ruhte auf mir. Und er sprach: Du hast viele Liebhaber, Miriam, aber nur ich liebe dich. Die anderen Männer suchen sich selbst, indem sie dich lieben. Ich liebe dich um deinetwillen. Die anderen sehen in dir eine Schönheit, die schneller vergeht als ihre Jahre. Ich aber sehe in dir eine Schönheit, die niemals welken wird. Und noch im Herbst ihrer Jahre wird sie sich nicht zu fürchten brauchen, in den Spiegel zu sehen, denn sie wird nicht gedemütigt werden. Ich allein liebe, was in dir ist und was man nicht sieht.

Dann sagte er mit sanfter Stimme: Geh nun! Wenn diese Zypresse dein ist und du nicht willst, daß ich mich in ihren Schatten setze, so werde ich meinen Weg fortsetzen.

Ich beschwor Ihn: Meister, kehre in mein Haus ein! Ich habe Weihrauch, um ihn vor Dir zu verbrennen, und ein Becken aus Silber für Deine Füße. Du bist ein Fremder, und doch bist Du kein Fremder. Ich flehe Dich an, kehre in mein Haus ein!"

Da erhob er sich, und er schaute mich an wie die Jahreszeiten die Felder anschauen, und er sagte lächelnd: Alle Männer lieben dich um ihretwillen. Ich aber liebe dich um deinetwillen. Und Er entfernte sich.

Aber kein Mann ist je so geschritten wie Er. War es ein Morgenwind, der in meinem Garten geboren wurde und zum Osten wanderte, oder war es ein Sturm, der alle Dinge bis in ihre Grundfesten erschütterte?

Ich weiß es nicht. Aber an diesem Tag tötete der Sonnenaufgang in Seinen Augen den Drachen in mir. Ich wurde eine Frau: ich wurde Miriam. Miriam von Magdala.

Rafka, die Braut von Kanaa

...

Ich war gerade damit beschäftigt, den Rosenstrauch im Garten meiner Mutter zu begießen, als Er vor dem Portal unseres Hauses anhielt.

Er sagte: „Ich habe Durst. Willst Du mir zu trinken geben?" Da lief ich rasch ins Haus, holte den silbernen Becher, füllte ihn mit frischem Wasser und fügte einige Tropfen Jasminblätteressenz hinzu.

Er leerte den Becher und schien zufrieden. Dann sagte Er, indem er mir in die Augen schaute: „Mein Segen sei auf Dir!"

Bei diesen Worten fühlte ich eine leichte Brise durch meinen Körper wehen, und meine Befangenheit war plötzlich verflogen. „Meister", sagte ich zu ihm, „ich bin verlobt mit einem Mann aus Kanaa in Galiläa, und am vierten Tag der kommenden Woche wird meine Hochzeit gefeiert. Willst Du nicht unser Gast sein und uns durch Deine Anwesenheit ehren?"

„Ich werde kommen, meine Tochter", erwiderte Er.

Stellt Euch vor, „meine Tochter" sagte Er, obgleich Er ein Jüngling und ich schon 20 Jahre alt war.

Nach diesen Worten setzte Er Seinen Weg fort.

Ich blieb wie angewurzelt stehen, bis mich meine Mutter aus dem Innern des Hauses zu sich rief.

Am vierten Tag der nächsten Woche holte man mich ins Haus meines Bräutigams und traute mich ihm an.

Und Jesus kam mit Seiner Mutter und Seinem Bruder Jakobus. Sie setzten sich zu unseren Gästen an den Tisch, während meine Ehrenjungfrauen die Hochzeitslieder des Königs Salomon anstimmten.

Jesus aß von unseren Speisen und trank von unserem Wein. Und Er lächelte mir zu, mir und den anderen.

Er lauschte unseren Liedern vom Bräutigam, der Seine Braut ins Zelt führt, vom jungen Hüter des Weinbergs, der die Tochter des Weinbergbesitzers liebt und sie ins Haus seiner Mutter holt, und vom Prinzen, der die junge Bettlerin trifft, sie in seinen Königspalast einlädt und sie mit der Krone seiner Väter krönt.

Und es hatte den Anschein, als hörte Er noch andere Lieder, die wir nicht verstehen konnten.

Bei Sonnenuntergang kam der Vater meines Bräutigams zur Mutter Jesu und flüsterte ihr zu: „Wir haben keinen Wein mehr für unsere Gäste, und der Tag ist noch nicht zu Ende." Jesus hörte es und entgegnete: „Der Mundschenk weiß, daß es noch Wein gibt!" Das war wahr. Während des ganzen Abends ging der Wein nicht aus.

Da begann Jesus zu sprechen. Er erzählte uns von der Herrlichkeit des Himmels und der Erde: von himmlischen Blumen, die blühen, wenn die Nacht sich über die Erde ausbreitet, und von irdischen Blumen, die erscheinen, wenn der Tag die Sterne verhüllt.

Er erzählte uns Geschichten und Gleichnisse, und Seine Stimme zog uns so sehr in ihren Bann, daß wir ihn anstarrten wie eine Vision und unsere Becher und Teller vergaßen. Mir kam es vor, in einem weitentfernten, unbekannten Land zu weilen.

Später sagte einer unserer Gäste zum Vater meines Bräutigams: „Du hast den besten Wein bis zum Ende des Festes aufgehoben. Die anderen Gastgeber tun das Gegenteil."

Und alle glaubten, daß Jesus ein Wunder vollbracht hatte, damit wir zum Ausklang des Festes besseren Wein als zu Anfang kosteten.

Ich glaubte auch, daß Jesus uns den Wein geschenkt hat, und ich war nicht überrascht, denn schon Seine Stimme war voller Wunder. Und Seine Stimme blieb in meinem Herzen, bis ich mein erstes Kind gebar.

In unserem Dorf und in den Nachbardörfern erinnert man sich noch bis zum heutigen Tag der Worte unseres Gastes. Und die Dorfleute sagen: „Der Geist Jesu von Nazareth ist der älteste und beste aller Weine!"

DIE FRAU DES PILATUS
AN EINE RÖMISCHE DAME

Ich ging mit meinen Begleiterinnen durch Jerusalem, als ich Ihn sah. Er saß inmitten einer Gruppe von Männern und Frauen und sprach zu ihnen in einer Sprache, die ich nur zum Teil verstand.

Aber es bedarf keiner Worte, um eine Lichtsäule oder einen Berg aus Kristall wahrzunehmen. Das Herz versteht, was die

Lippen nicht aussprechen und die Ohren nicht hören können.

Er sprach zu Seinen Freunden von der Liebe und der Macht. Ich weiß, daß Er über die Liebe sprach, denn Seine Stimme war eine sanfte Melodie. Und ich weiß auch, daß Er über die Macht sprach, denn in Seinen Gesten und Worten war die Kraft einer Armee. Obgleich er mit großer Zärtlichkeit redete, hätte mein Gemahl nicht mit annähernder Autorität sprechen können.

Als er mich vorbeigehen sah, unterbrach Er Seine Rede einen Augenblick und schaute mich an. Da fühlte ich mich winzig klein, und meine Seele wußte, daß ich einem Gott begegnet war.

Von diesem Tag an sehe ich Sein Bild, wenn weder ein Mann noch eine Frau bei mir sind. Seine Augen brennen in meiner Seele, auch wenn meine Augen geschlossen sind. Und Seine Stimme erfüllt das Schweigen meiner Nächte. Ich bin Ihm für immer ausgeliefert, und in meinem Leiden ist Frieden und Freiheit in meinen Tränen.

KLEOPHAS AUS BATROUN: VOM GESETZ UND DEN PROPHETEN

Wenn Jesus sprach, schwieg die ganze Welt und hörte ihm zu. Seine Worte wandten sich nicht nur an uns, sondern auch an die Elemente.

Er sprach zu dem weiten Meer, das uns gebar; er sprach zu unseren älteren Brüdern, den Bergen. Und über Meere und Berge hinweg sprach er zu den Engeln, denen wir unsere Träume anvertrauen.

Und Seine Worte schlummerten in unseren Herzen wie ein halbvergessenes Liebeslied; doch manchmal schlugen sie wie Blitze in unser Bewußtsein ein.

Seine Rede war einfach und befreiend, und Seine Stimme war wie frisches Wasser, das auf eine ausgetrocknete Erde fällt.

Einmal hob er Seine Hände gen Himmel und sprach mit lauter Stimme: „Die Propheten haben euch früher gesagt ... Ich aber sage euch ..." Und diese Worte „Ich aber sage euch" kamen nicht von einem Menschen unseres Geschlechtes, von jemandem aus dieser Welt, sondern vielmehr von einem Schwarm Seraphine, die den Himmel von Judäa überflogen.

Welche Leuchtkraft hatten diese Worte für uns!

Was für riesige Wellen waren es, die sich an den Ufern unseres Geistes brachen! „Ich aber sage euch!"

Was für leuchtende Sterne, die die Finsternisse unserer Herzen erhellten!

Und welches Morgenrot, das unsere Seelen wachend erwarteten!

Ein Philosoph:
Vom Staunen und von der Schönheit

Als Er unter uns lebte, betrachtete Er uns und unsere Welt mit staunenden Augen, denn Sein Blick war nicht bedeckt vom Schleier der Jahre, und alles, was Er sah, war hell und erschien Ihm im Lichte Seiner Jugend.

Obwohl Er die Schönheit zutiefst kannte, war Er immer wieder überrascht von ihrer Pracht und ihrem Frieden. Er schaute die Erde an wie der erste Mensch den ersten Tag angeblickt hat.

Wir, deren Sinne abgestumpft sind, wir betrachten die Erscheinungen des Tages und sehen nichts, wir hören und vernehmen nichts, wir strecken unsere Hände aus und fühlen nichts. Und wenn man für uns den gesamten Weihrauch Arabiens verbrennen würde, so würden wir unsern Weg fortsetzen, ohne etwas zu bemerken.

Wir sehen nicht, wie der Arbeiter bei Anbruch der Nacht von seinen Feldern heimkehrt; wir hören nicht die Flöte des Hirten, wenn er seine Herde auf die Weide führt, und wir strecken unsere Hand nicht aus, um das Abendrot zu berühren.

Unsere Nasenflügel sehnen sich nicht nach den Rosen von Saron.

Nein, wir ehren keinen König ohne Königreich, und wir hören den Klang der Harfen erst, wenn die Finger ihre Saiten berühren. Wir sehen nicht das Kind in unserem Olivenhain spielen, als wenn es selbst ein junger Olivenbaum wäre. Alle Worte müssen von unseren Lippen kommen, sonst glauben wir, wir führten ein Gespräch mit Taubstummen.

Wahrlich, wir schauen und sehen nichts; wir hören und vernehmen nichts; wir essen und trinken und schmecken nichts. Und darin unterschied sich Jesus, der Nazaräer, von uns.

Seine Sinne waren stets wach, und für Ihn war die Welt immer wieder eine neue Welt.

Ihm galt das Stammeln eines Kindes nicht weniger als der Schrei der ganzen Menschheit, während es für uns einfach nur ein Stammeln ist.

Für ihn bedeutet die Wurzel einer Butterblume das Streben nach Gott, während sie für uns nur die Wurzel einer Blume bleibt.

WER IST GOTT?

Am ersten Tag der Woche, als der Klang der Tempelglocken an ihr Ohr drang, sagte einer von ihnen: „Meister, man spricht viel über Gott in dieser Gegend. Was hast du über Gott zu sagen, und wer ist Er in Wahrheit?"

Almustafa stand vor ihnen wie ein junger Baum, der nicht Wind noch Wetter fürchtet, und er antwortete, indem er sprach: „Meine Weggefährten und Freunde, denkt euch ein Herz, das all eure Herzen beherbergt, eine Liebe, die all eure Liebe umfaßt, einen Geist, der all euren Geist umgibt, eine Stimme, die all eure Stimmen einschließt, und eine zeitlose Stille, die tiefer ist als all eure Stille.

Nun sucht in der Fülle eures Selbst eine Schönheit wahrzunehmen, bezaubernder als alles Schöne, ein Lied, unermeßlicher als die Lieder des Meeres und des Waldes, eine Erhabenheit auf einem Throne, an dem Orion nur eine Stufe ist, und die ein Zepter trägt, in dem das Siebengestirn nichts ist als der Schimmer von Tropfen des Taus. Immer habt ihr nur Essen und Schutz gesucht, ein Gewand und einen Stab; sucht nun den einen, der weder ein Ziel für eure Pfeile ist noch eine Steinhöhle, die euch vor den Elementen schützt. Und wenn meine Worte hart wie Fels und rätselhaft sind, dann sucht erst recht, damit eure Herzen aufgehen und eure Frage euch zur Liebe und Weisheit des Allerhöchsten führt, den die Menschen Gott nennen."

Und sie schwiegen jeder für sich und waren bestürzt; und Almustafa fühlte Mitleid mit ihnen, und er blickte sie zärtlich an und sprach: „Laßt uns nun nicht mehr von Gott, dem Vater, sprechen. Laßt uns lieber von den göttlichen Naturen sprechen, die eure Nachbarn sind und eure Brüder, jene Kräfte, die eure Häuser und eure Felder bewegen.

Ihr könntet in eurer Vorstellung euch bis zu den Wolken erheben und dies für Höhe halten; und ihr könntet über das unermeßliche Meer fahren und dies für Entfernung ansehen. Doch ich sage euch: Wenn ihr einen Samen in die Erde legt, erreicht ihr größere Höhen; und wenn ihr eurem Nachbarn die Schönheit des Morgens rühmt, überquert ihr ein größeres Meer.

Zu oft singt ihr von Gott, dem Unendlichen, aber in Wahrheit hört ihr das Lied nicht. Könntet ihr das Lied der Vögel wahrnehmen und die fallenden Blätter, wenn der Wind darüberstreicht, so würdet ihr nicht vergessen, daß diese nur singen, wenn sie vom Ast getrennt.

Abermals bitte ich euch, nicht so freimütig von Gott zu sprechen, der unser Alles ist – lieber sprecht miteinander und beginnt, einander zu verstehen – Nachbar zu Nachbar, göttliche Natur zu göttlicher Natur.

Denn wer wird den Nestling füttern, wenn die Mutter nur in den Himmel sieht? Und welche Anemone wird ihre Erfüllung finden, bis sie nicht durch eine Biene mit einer anderen Anemone sich vermählt?

Nur wenn ihr in eurem geringeren Selbst verloren seid, sucht ihr den Himmel, den ihr Gott nennt. Könntet ihr doch die Pfade zu eurem unermeßlichen Selbst finden, dann wäret ihr weniger träge und würdet die Straßen festigen!

Meine Seeleute und Freunde, es wäre weiser, weniger von Gott zu sprechen, den wir nicht verstehen können, dafür mehr über jeden anderen, den wir verstehen.

Doch wisset, daß wir der Atem und der Wohlgeruch Gottes sind. Wir sind Gott in der Gestalt des Blattes, der Blüte und oftmals der Frucht."

LITERATURHINWEIS

Gibrans bisher in deutscher Sprache erschienene Werke
(in der Reihenfolge des Erscheinens der Originaltitel)

1908	Rebellische Geister (dt. Version Assaf-Nowak, Walter-V.)
1912	Gebrochene Flügel (dto.)
1914	Eine Träne und ein Lächeln (dto.)
1918	Der Narr
1920	Der Vorbote (dto.)
1920	Die Stürme (dto.)
1923	Der Prophet (dt. Version Karin Graf, Walter-V.)
1923	Erde und Seele (dt. Version Assaf-Nowak, Walter-V.)
1926	Sand und Schaum (dt. Version Frank Roland Pohl, Walter-V.)
1928	Jesus Menschensohn (dt. Version Assaf-Nowak, Walter-V.)
1931	Die Götter der Erde (dto.)
postum	
1933	Der Garten des Propheten (dt. Version Hans Christian Meiser, Goldmann-Verl.)

Gibran-Anthologie

Natur: Die Blumen des Frühlings (Sand 55)
   Die Erde (Erde 51)
   O Erde (Erde 59–63)
   Das Meer (Erde 154–155)
   Lied der Welle (Träne 162–163)
   Lied des Regens (Träne 164–165)
   Lied der Blume (Träne 171–172)
   Der Granatapfel (Narr 24–25)
   O Nacht

Liebe: Liebe ist ein Wort des Lichtes ... (Sand 25)
　Von der Liebe (Prophet 13–15)
　Die bezaubernde Fee (Stürme 35–37)
　Das Leben der Liebe (Träne 11–13)
　Ein Lächeln und eine Träne (Träne 30–32)
　Geschichte eines Freundes (Träne 66–69)
　Zwischen den Ruinen (Träne 39–41)
　Die Liebe (Gebr. Flügel)
　Dritter Gott (Götter der Erde 57–59)

Einsamkeit: Einsamkeit ist ein ruhiger Sturm ... (Sand S. 41)
　Die Einsamkeit und die Zurückgezogenheit (Erde 104–106)
　Der Sturm (Stürme 104–119)
　Jenseits meiner Einsamkeit (Vorbote 53–54)

Dichter: Der Dichter ist ein entthronter König (Sand 20)
　Der Dichter
　Der Dichter (Stürme 172–173)
　Was ist der Dichter (Erde 88–93)
　Dichter und Emigranten (Träne 80–81)
　Eines Dichters Tod ist sein Leben (Träne 22–24)

Vor dem Thron der Schönheit: Wir leben nur ... (Sand 24)
　Von der Schönheit (Prophet 55–57)
　Vor dem Thron der Schönheit (Träne 60–62)
　Lied der Schönheit (Träne 166–167)
　Die Schönheit (Träne 35–36)
　Das Spielfeld des Lebens (Träne 118–119)

Gesetz und Freiheit: Nur ein Idiot (Sand 32)
　Korrupte Gesetze
　Von der Freiheit (Prophet 37–39)
　Die Schreie der Gräber (Reb. G. 29–43)
　Wardat al-Hani II (Reb. G. 27–28)

Das größere Ich: Die Bedeutung eines Menschen (Sand 13)
　Die Seele
　Sieben Stationen (Erde 37)
　Das Haus des Glücks (Träne 102–103)
　Das menschliche Herz (Träne 33–34)

Das größere Ich (Träne 183)
Mein Schweigen ist eine Hymne (Erde 138-139)
Aus der Tiefe meines Herzens (Vorbote 37-38)
Sein (Garten 52-55)
Die Vollkommenheit (Erde 54-55)
„Die vollkommene Welt" (Narr 45-47)
An unsere Gegner (Erde 140-141)

Tod: Möglicherweise ist ... (Sand 42)
   Vom Tod (Prophet 59-60)
   Die feurigen Buchstaben (Tr. 37-38)
   Die Stadt der Vergangenheit (Träne 104-105)
   Der Sterbende und der Geier (Vorbote 51-52)
   Tod (Garten 74-77)
   In der Finsternis der Nacht (Stürme 78-80)
   Mein Volk starb (Stürme 92-95)
   Jenseits des Schleiers (Stürme 164-166)
   In der Stadt der Toten (Träne 19-21)

Religion: Einmal alle 100 Jahre (Sand 59)
   Gott (Narr 9-10)
   Der gekreuzigte Jesus (Stürme 21-25)
   Vom Beten
   Maria Magdalena: Von ihrer ersten Begegnung mit Jesus (Jesus 114-117)
   Rafka, die Braut von Kanaa (Jesus 111-113)
   Die Frau des Pilatus (Jesus 121)
   Kleophas aus Batroun: Vom Gesetz und den Propheten (Jesus 120)
   Ein Philosoph: Vom Staunen und von der Schönheit (Jesus 118-119)
   Wer ist Gott? (Garten 44-45)

Sekundärliteratur

Al-Huayik, Yuusef: Dhikrayati ma'a Gibran, Beirut 1979.
Bushrui, Suhail: An Introduction to Khalil Gibran, Beirut 1970.
Chahine, Anis: L'Amour et La Nature dans l'oeuvre de Khalil Gibran, Beirut 1979.
Dahdah, Jean-Pierre; Khalil Gibran; Une Biographi, Paris 1994.
Gibran, Jean und Khalil: Khalil Gibran, His Life and World, New York 1981.

Hawi, Khalil: Khalil Gibran, his Background, Character and Works, Beirut 1963.
Jabre, Jamil: Gibran: Hayatuh, 'Adabuh, Falsafatuh wa Rasmuh, Beirut 1958.
Karam, Antoine Ghattas, La Vie et l'Oeuvre de Gibran, Beirut 1981.
Kharrat, S.: Gibran le Prophete, Nietzsche le Visionaire, Montreal 1993.
Nuaimi, Michail: Gibran Khalil Gibran, Beirut 1985.
Tauq, Bulos: La Personnalitéde Gibran dans ses dimensions constitutives et existentielles, Straßburg 1984.
Yammouni, Joseph: Gibran Khalil Gibran, Lausanne 1982.
Young, Barbara: This Man from Lebanon, New York 1931 und 1956.